よろこばれる提案営業

傍楽《はたらく》

川邊康晴
Kawabe Yasuharu

梓書院

はじめに

本書は地元・福岡を中心に九州各地から東京、そして中国の北京、大連まで各社それぞれの強みを持つ社長たちが集まる「川邊会」の皆さんから、私がふだん話していることを社員たちにも聞かせたいとの声に推されて書いたものです。

私は地方の銀行マンとして、若いころからさまざまな業界の大小企業の経営者の方々にお会いしてきました。その体験談の一つひとつが人生を賭けた筋書きのないビジネスドラマで、いろんな失敗の経験やそれを乗り越えた知恵などを直接、教えてもらい、いまなお胸に残る言葉の数々もいただきました。本当に出会った方々に育ててもらった、恵まれていたと思います。

いつも話していることは、人との出会いの大切さ、先達の知恵、経営者の皆さんの体験、勇気づけてくれた言葉、そして、私がやってきた「お客様によろこばれる提案営業」の実践談や具体的な事例などです。

経営論などではなく、先輩たちと同じように、私も六十余年のビジネス人生で体験したり、感じたことを伝える役割が回ってきたのかもしれません。

個人的な感慨はさておき、この本で私が伝えたいことは、ひとつの言葉に集約されています。それは「傍楽」です。「はたらく」と読みます。

江戸商人の心構えにある言葉で、「傍の人を楽にするのが、商売人の役割」という教えです。人の役に立ち、よろこんでもらえることをやろう、そうすると商売は末永く繁盛する、というわけです。また自分自身もやりがいを感じて、仕事が楽しくなる、という意味もあります。

その通りだと思います。極めて実践的で、いまも十分、ビジネスの世界で通用する言葉です。ただ一方では、世の中の変化がめまぐるしいので、こういう昔からの知恵が薄れてしまったのではないか、という気もしています。本書のタイトルを「傍楽」とした意味も汲み取っていただけるでしょうか。

いつも「傍楽」を意識していると、人とのご縁も長続きして、人生を豊かにしてくれる「人脈」という財産になります。

私が日ごろからやっている「提案営業」も同じです。よろこぶことをしてもらって気分を害するお客様はいません。そこから紹介されて、また人脈が広がるという好循環も生まれます。昔からそういう営業のスタイルがあるのです。

この本では「傍楽」という考えを基点にして行動すると、ビジネスの現場でどんなことが始まるか、私の経験や先達の言葉、事例を織り込みながら述べたものです。もしかしたら、ひとつの事例テキストになるかもしれません。

前途洋々たる若い皆さんに、多少なりともビジネスの道を拓くヒントになれば、これに勝るよろこびはありません。同時に、これまで私を育ててくれた人たちへの恩返しにもなるのかなという気もしています。

二〇一七年七月

川邉　康晴

＊目次＊

第1章

人脈をつくる

桃栗三年、柿八年、人脈十年

どうして、そんなにお知り合いが多いのですか。どうして、いまもあちらこちらから来客があるんですか。

よくこんな質問を受けます。それに対して「桃栗三年、柿八年、人脈十年」と答えると、たいていは煙にまかれたような顔をされます。

人脈は簡単にできるものではありません。人との信頼関係が脈々とつながっていくには、それなりの対応が必要です。いろんなところで会うたびに話しかける、相手によろこんでもらう「役立ち行動」をする、そういう「人脈の手入れ」を続けているうちに、ようやく気心の知れた仲になります。

柿でもタネから実がなるまでには八年かかります。一回や二回のアクションで諦めてはいけない。「人脈十年」とは出会いから十年ぐらいかかるつもりでお付き合いしましょう、ということです。

何千人、何万人に出会っても、この人は自分とビジネスの関係があるから付き合おう、関係がないから付き合わないと区別していたら、世界は広がらないし、いつまで経っても人脈にはなりません。あの人とは何度か会って、話をしたことがある、名刺をもらった、そういうレベルはまだ人脈の芽にもなっていない。案外、自分は知っている、しかし、向こうは覚えているかどうかもわからない、ということが多いのではないでしょうか。

お互いに信頼して、いつでも気軽に相談できる双方向の関係でつながっているのが本当の人脈です。人生においても、ビジネスの上でもかけがえのない宝になるのです。

未来情報が集まってくる

人は人との関係のなかで生きています。そこでの生き方は二つしかないのではと思います。ひとつはみんなと仲良くなって、楽しい人生を歩くこと。もうひとつは人間嫌いといわれても構わない、唯我独尊の生き方を選ぶこと。どちらが実りある人生なのか、若い人たちには考えてほしいところです。

みんなと仲良くなって、人脈を大切にする人には将来、どういう活躍の舞台が訪れるでしょうか。

例えば、企業と企業をつなぐアライアンスの仲立ちをしている私のオフィスでも、業種、年齢、地域を問わず、ビジネスをもっと広く展開したい、夢を実現する力になってほしいという相談が寄せられます。テーマは固定費のコストダウンから新規事業、M&A、営業支援、社員教育、後継者問題など多岐にわたります。

それらはいずれも人の心のなかにあって、まだ表面に出ていない「未来情報」ばかりです。相談とはいろんな事情の下で、こうしてほしい、こうなりたいという個別のニーズやウォンツの変形です。新聞、テレビ、インターネットなどの情報はだれでも入手できる「過去情報」です。そこには「未来情報」はありません。

こうしてさまざまな相談事や経営情報が集まるようになると、あの人はいい情報をいっぱい持っている。たくさんの人を知っている。その結果、あそこに行けば問題解決のヒントを教えてもらえそうな気がする、そういう評価が生まれます。そして、また別の「未来情報」を持った新しい人がやってくる。しかも、それらはだれかに聞いたのではなく、本人から直接聞いた情報です。

このように「未来情報」をキャッチする速さとその内容の精度と具体性で、人脈を持っている人とそうでない人とでは決定的な差が出てきます。

人の人生経験から学ぶ

もうひとつ、ここが大事なところですが、私はお客様から詳しい事情を聞いているうちに、まるで自分がその人になって、実際に同じ体験をしているような気持ちになります。いろんな人たちの人生経験を共有している感じがするのです。

なかでも印象深いのは創業時代からの苦労話で、社長から直接聞いた件数はさまざまな業種、企業規模の大小合わせて数千社になります。倒産を乗り越えた精神力、一発逆転までの驚異的な粘り、大失敗の原因など、一人ひとりが苦心惨憺の末に会得した知恵や方法がどんどん溜っていきました。これも私の貴重な体験です。

人に会うことで人生読本や経営書によくある事例、すなわちケース・スタディーを他人の経験からリアルに学べるのです。本ではこうはいきません。

いつか自分が未知の領域に足を踏み入れたとき、人からいただいた知恵が役に立ちます。同時に危機を察知する能力も磨かれる。

だから、できるだけ多くの人に会った方がいい。若い人たちは年齢の幅のある人脈をつくっていただきたい。「自分の年齢から前後に十年離れた人と付き合うように」。先輩たちから教えられた言葉です。

特にシニアは長い人生で身に着けた実践的な知恵を持っています。それを頂戴すれば、こういうときあの人ならどう判断するだろうか、という別の角度からの見方もできて、「若気の失敗」の予防にもなるでしょう。

情報といえば、すぐインターネットが浮かびますが、あれは限られた狭い範囲にアクセスするので、いわば「たこつぼ情報」の収集に偏りがちです。

人間という文字は「人」と「間」でできています。デジタルのインターネットが普及するに連れて、逆にアナログの「ヒューマンネット」の重要性はますます高くなるでしょう。

「電話一本の仲」を五百人つくろう

では、どうすればお互いに信頼できる人脈をつくれるのでしょうか。お手本になる、すごい大先輩がおられました。福岡を代表する世話人として大活躍された人です。地場大手企業のYさんは役員になったとき、すでに十万人の名刺を持っておられました。十万人といえばそれなりの都市の人口に匹敵します。

ご本人に直接、伺ったところ、「いつも気軽に声をかけられる間柄の人は何千人もいるよ」とのことでした。

きっかけは父親から「初出社の日からいただいた名刺はぜんぶ大事にとっておきなさい。将来、お前の宝物になるよ」といわれたから。社会人の先輩としてアドバイスされたのでしょう。Yさんは忠実に実行したのです。

歳月は流れて、駆け出しのころに名刺を交換した同世代の新米社員たちは、それぞれの会社で幹部クラスに昇進。社長になっても「おい、ちょっと話を聞いてくれ」という仲で、Yさんは重要な用件も電話一本で片付けてしまいます。

会社の枠を越えて、目上の人から年下まで親しい知り合いがいっぱい。地域に関係する大きな案件が持ち上がったとき、全体のまとめ役としてYさんは欠かせない存在でした。新入社員のころから一人ひとり積み上げてきた人脈は四十年後には比類を見ないほど広がっていたのです。

大企業の役員であっても、企業の規模や業界で人を分け隔てすることはなく、初対面の人でもきちんと向き合って、問題を解決する糸口までくれました。私にとっても困ったときに頼りになる、ありがたい存在でした。

ああいう人が身近におられるというだけでも、年下の私たちには高く聳える目標として、強い刺激を受けたものです。

若い人はいまのうちから会社の内外に人脈づくりをしてほしいと願っています。早ければ早いほどいい。ひとつの目標として、四十代になったとき、電話一本で何でも話せる人を最低でも五百人ほどつくることをお勧めします。

それが千人になったとき、人脈の効力をまざまざと実感するでしょう。こつこつとやり続けるのです。決して不可能なことではありません。

五十歳、人脈ゼロからのスタート

実は、そういう私は五十歳まで、ほぼ人脈ゼロでした。生まれも育ちも福岡なので、地元に同級生たちはいます。しかし、ビジネスとなると直接的につながる関係はありませんでした。

少し個人的な事情を説明しておきます。一九五八年、当時の西日本相互銀行に入社以来、支店勤務を六年、その後は社員研修所に六年、営業本部に十五年。黒崎支店長として一年転出したものの、二十一年間はずっと本部のスタッフでした。

営業本部といっても、業務はマーケティングの企画立案で、お客様とは接点のない部署でした。おおまかにいうと三十歳から五十歳までに私が接触した相手はほとんど社内だけで、外部の人たちとはご縁がなかったのです。

一九八四年、相互銀行から普通銀行に転換するという大きな節目がありました。それに伴い、地域の優良企業や伝統企業を開拓することが当然の使命として浮上してきました。それぞれの地域の営業は各支店の担当ですが、それだけではパワーとスピードが足りない。そこで本部と支店とが連動して、全社一丸で営業活動をすることになったのです。その「行動する本部」の担当責任者として、私にお鉢がまわってきました。

こうして初めて地元企業とのパイプづくりに直面することになったわけです。

では、まるで周回遅れでスタートした私がどうやって人脈をつくってきたのか、その話をしましょう。

毎日、三十枚の名刺を集める

新規企業を開拓するには、その企業のニーズやウォンツをつかまえるのが先決です。そのためにはキーマンと親しくなって、早く冗談のひとつでもいえる間柄にならんといかんなと思いました。

いまでも忘れられない光景があります。知り合いを早く、多くつくりたい一心で、初めて海外視察ツアーの結団式に参加したときのこと。同行するのは五十人、知らない人ばかりで、片っ端から名刺を配って挨拶していると、後からこられた金融界の先輩がいました。軽く手を挙げて「ヨゥ」とひと言。すると磁石に吸いつけられるように人が集まったのです。一方の私は、ご挨拶したくても近づけない。人脈があるとないとでは天と地ほど違う。ショックでした。

相手は横綱、こちらは幕下のようなものです。一刻も早く、あの人たちの輪のなかに入りたい。こうして決めたのが一日に最低でも三十枚の名刺を集めることでした。一度もらった人はカウントしません。高いハードルであることは覚悟の上でした。

人に会うチャンスを逃さないように、一日中、人を訪ねて歩くのが仕事になりました。しかし、企業を個別訪問しても一日に会えるのは五人が限度です。とても三十枚には届きません。いろんな会合に出席したり、昼だろうが、夜だろうが、平日、日祭日も関係なくパーティーがあれば顔を出し、ゴルフ会があれば積極的に参加しました。一日に二回、違うコースを別々のグループとまわったこともあります。

「君はどこに行ってもおるな。二十四時間、年中無休のコンビニみたいだね」と冷やかされたこともありました。それからパーティーだけでも年間、百回を越える活動が何年も続くようになったのです。

名刺三千枚をひとつの目標に

できるだけ一度に大勢のキーマンに会える場所といえば、地元の著名人たちが集まるパーティーです。招待状が届いて、上司が欠席する分はできるだけ代理出席しました。主催者が会場を用意して、トップクラスの人を集めてくれる。こんなチャンスを見逃す手はありません。

新参者の私がやったことのいくつかは、若い人たちの参考になるかもしれません。まずはオープニングから。立った場所は上座に当たるステージの近くです。まわりには注目度の高い人たちがいます。私を見て、来場者の何人かでも顔を覚えてもらえたら、という作戦です。次に、そのなかで数少ない知り合いを探し出して、横に並びました。人がきたら紹介してもらって、名刺を交換します。

だんだん知り合いができてからは乾杯の挨拶の後、時計まわりに歩いて初めての人、また話したい人を見つけておき、もう一回まわるときに声をかけるようにしました。最後にもう一度、今度は逆にまわって話せなかった人をつかまえます。ひとりでも多く知り合いを増やしたい。時間との勝負で、料理に手をつける暇もありません。

こうしてあらゆる会合に出席を続けて、半年ほど経つと三千枚以上の名刺が集まりました。そのころから「またお会いしましたね」、「どうされていますか」と声がかかるようになったのです。

三千枚の名刺を集めたら、ひとつの人脈データベースになる。地元のどこの集まりに行っても、気軽に話せる人が何人かいて、そこからまた人脈が広がる。私が経験で学んだことです。

聞くことが第一歩

初対面の挨拶をした後に、次に何を話したらいいのかわからない。そういうときの秘訣は無理に話そうとせずに、聞くのです。

こちらから聞けば相手は答えてくれます。尋ねられるということは、自分に関心があるということ。だれしも関心を持たれると悪い気分はしないもの。反対に人は無視されると、相手も無視するようになります。「愛の反対は憎しみではなく、無関心です」。インドで貧しい人々の救済活動に生涯を捧げたマザー・テレサの言葉です。

そこで私が心がけたことは、相手の顔と名前と会社の肩書をセットで記憶することです。まず、覚えること、それが関心を持つことの第一歩です。

もらった名刺を見るだけでも、その社名の意味や名付けた理由から事業の内容、得意な技術や製品など、差しさわりのない質問はいくらでもあります。それに対する相手の話を聞いているうちに、何らかの共通の話題はきっと見つかるものです。名刺を交換するだけで、話をしなかったら何も生まれません。だから最初が肝心です。

「口はひとつ、耳はふたつ」。こちらはユダヤの格言です。自分が話す倍は他人の話を聞きなさい、という教えです。世界の商人・ユダヤ人は、人の話をよく聞くことの重要性を認識していました。紀元前の大昔から「未来情報」を集めて、仕事に結びつけていたのでしょう。

聞いているうちにだんだん親しくなって、相手の口からウォンツや営業のヒントも出てくる。人脈づくりと後述する提案型の営業は表裏一体なのです。

偉い人でも名刺をくれる

ご縁のない偉い人に話しかけるのは、近づくだけでも勇気が要ります。しかし、ありがたいことに名刺を出せば、どんなに格上の人でも必ず自分の名刺を手渡してくれます。職業、年齢、身分はいっさい関係なし。日本中どこでも名刺交換は公平です。出せば出すほど名刺は集まる。こんなに手軽で便利な方法はありません。

名刺を交換するのは、外国でいえば握手と同じ。名刺をいただいて、お返しする自分の名刺がないのは大変な失礼になる。そんなことのないように、いつも分厚い名刺入れのほか、背広の内ポケットや鞄の中などに何十枚もの名刺の束を持ち歩くようにしていました。

一生懸命やっている姿をどこかで見ている人はきっといます。起業した社長に聞くと、ほとんどの人が独立したときに「あなたはよくがんばっているから」と応援してくれた大恩人いたそうです。じっと見ていたのでしょう。私の前にもそんな人脈づくりの恩師が現れました。あれから三十年あまりになります。

目標となる恩師に出会う

行く先々のパーティーで、いつもたくさんの人が集まる年配の方がいました。会場に現れるだけで、ご近所さん同士のような感じで人が寄ってくるのです。私の知らない人たちが塊りになって、楽しそうに話している。どこでもそうなのです。初めて見たときは「すごい人がいる」と衝撃を受けました。先述したYさん、そして海外ツアーで取り上げた方と並んで、人脈の広さでは地元の「三羽ガラス」といわれた方です。取引先には有力企業がずらりと並ぶ、地元金融機関のS専務。知らない人がいない財界の有名人でした。

それらの企業の社長さん方と親しいのは当たり前のこと。そう思ったのですが、それだけではない人を包み込むような独特の空気がありました。官公庁や政界だけではなく、地元の小企業のトップからも慕われていて、「上から目線」の素振りはまったく感じられません。

早くあの人のようになりたい。Sさんは私の目標になりました。

あんたもがんばりよるな

ある日、パーティーでいつものようにご挨拶すると、返ってきたのは「あんたもがんばりよるな」。思いがけない言葉でした。

「あんたも」といっていただいたのです。とっさにお願いしました。

「どうしたらSさんのように人脈が広がるんでしょうか。金融界の大先輩として一度、教えていただけませんか」

「そうですか。じゃあ、いつか機会をつくって、ゆっくりお会いしましょう」

あの日、パーティーに行かなかったら、あのときお願いの言葉を発しなかったら、私のビジネス人生を決定づけた幸運は通り過ぎていたでしょう。

そこにいなければ知らないままで終わる出会いがある。すごい情報があるかもしれない。いつ何が起きるかわからない。だから「集まるのは同じ人たちだ」と気が進まないときでも、心を奮い立たせて、人に会うことが大事なのです。

数週間後、Sさんの行きつけの小料理屋で向かい合うときがやってきました。

人脈づくりの極意を伝授される

「どうしてあんなにお知り合いが多いのですか。人脈をつくる極意を一つ、教えてくれませんか」

「うーん、一つな……。そうね、一つだけ挙げれば、無精していない、ということかなぁ。人間として無精しないことだけは意識していたね」

Sさんの極意は「無精しない」ことでした。どんなにささいなことでも、どんなに忙しくても、おっくうがらずに、人としてやるべきことはきちんとやる。いままでいっさい手抜きはしてこなかった。人脈をつくるにはそれしかない、というのです。

結婚式、葬式はできるだけ出席する。行けない場合は自宅まで足を運んでご挨拶をする。何千枚もある年賀状は毛筆で書き、一人ひとりにメッセージを添えている。

Sさんはこともなげにおっしゃるが、ご縁のある人たちを大切にして、こまごまとした付き合い事を何十年もの間、やり続けていると聞いて、私のやってきたことはまったく足元にも及ばないことを思い知らされました。

もうひとつ感銘を受けたのは、私の話を我慢強く、じっと聞いてくれたことです。初歩的な質問にも親切に教えてくれるのです。ひと回りも年下の私にも対等な立場で接してくれました。人に会うときは年齢や職業などで区別することなく、いつもフラットな立場で一生懸命に話を聞く大切さを学びました。

威張っていると人は離れていきます。確かに権力者に人は集まります。でも、それは一時的なものです。例を持ち出すまでもないでしょう。

やがて私はSさんを囲む会の世話人をさせていただくようになりました。Sさんの教えは、私の人脈づくりの基本になっています。例えば、お通夜、葬式はもとより、できるだけ初盆にも伺うようにしています。

名刺を交換した後が本番

人脈づくりは農業と似ています。土地を耕して、一粒ずつタネを撒いて、芽が出たら水や肥料をやる。手入れを止めると、せっかく芽を出した人脈は枯れてしまうということです。

パーティーでも名刺を交換した後が本番です。何もしなかったら人脈になりません。無精をしないで、その日のうちに「本日はお会いできたことに感謝しています」という趣旨のお礼の手紙を書くのです。これで先方には、会ったその日にわざわざ手紙を書いてくれた、律儀な人だな、という印象が残ります。

さらに電話をかけます。会社の規模にもよりますが、役員クラスだと秘書さんが出るので、お礼の伝言を頼むのです。こうして名刺交換、手紙、電話とアクションを重ねると、次に会うときに声をかけやすくなり、それまでのワンウェイからツーウェイの関係ができるのです。

私は短時間で親しくなりたいときにはゴルフをご一緒します。和気あいあいの空気に包まれてコースをまわると、六時間も同じ時間を共有できる。一回の出会いでもすっかり打ち解けた仲になれるのがゴルフのいいところです。

ひとつタネ明かしをすると、コンペに誘われたとき、できるだけ初めての人と組んでもらえるように、主催者にお願いすることもあります。

「世界の王さん」のすごさ

顔と名前を覚えるのがいかに大変なことか。私もそうですが、心当たりのある人は多いでしょう。ところが、世間にはほんの少し会っただけで記憶してしまう人がいます。あの偉大な世界の王貞治さんもそうです。

王さんとの出会いは巨人軍の監督をお辞めになった後、「世界少年野球大会を宮崎でやりたい、ついては九州の財界でご協力をお願いしたい」ということで、福岡にこられたときでした。二十余年前のことです。

この種の依頼は地場企業が共同で対応する仕組みがあって、そのときの受け付け企業だったことから、たまたま私が王さんにお会いしたのです。話は順調に進んで、宮崎大会は無事、終了しました。義理堅い王さんはそのお礼の挨拶にこられ、二回の面談は合わせて一時間ぐらいだったでしょうか。

それから半年ほど経ったある晩、ひとりで街の中を歩いていると、向こうから二人連れが近づいてきました。王さんでした。もうお忘れだろうから、声をかけて邪魔しない方がよかろうと素知らぬ顔ですれ違おうとしたときです。

王さんは目の前で立ち止まって、「あっ、川邊さん。この間は大変お世話になりました」と深く頭を下げられたのです。まるで昨日会ったばかり、という感じでした。マイッタ。ちゃんと覚えていてくれた。失礼ながら、王さんは超一流の営業マンだと思いました。おそらく何十万人もの人に会っておられるはず。そのなかから、ほんの短い時間しか会ったことのない、それも地方の銀行員だった私の顔と名前が瞬時に一致して、言葉に出てくるとは。まさに営業の達人です。

人に感謝をする心が飛び抜けて強いのでしょうか。あのときの王さんの笑顔と明るい声が忘れられません。

その後、王さんはダイエーホークスの監督に就任して、福岡に居住されました。以来、王さんを囲む会の世話人になり、二十数年にわたって親しくお付き合いさせていただいています。

監督を辞めても、王さんには人が集まってきます。権力でも、地位でもない、人脈が途切れることなく、広がり続ける切り札は、本人の魅力、つまりは人柄なのです。

人脈をメンテナンスする

人脈は思いがけないときに花が咲く。これは私の実感です。

十年前にお会いした人がやってきて、「お陰様であのとき聞いた話が役に立ちました」といわれて、「そんな話をしたかな」とびっくりすることがあります。また目の前の事態にどう対応しようかというとき、以前会った人から聞いた話が役に立ったという経験はどなたもお持ちでしょう。

人からの情報はそのときには活用できなくても、いつかはだれかの役に立つことがある。私はそのことを自分にいい聞かせて、諦めずにやってきました。

この人とのご縁はもうないだろう、名刺も要らないと考えるのは禁物です。人脈のデータは消してはいけない。というのも私自身、必要なときにその人の名刺が見つからず、幾度となく後悔したことがあったからです。

人脈は放っておくと年々、細くなっていきます。定年退職や転勤はつきものだし、部署の移動や昇進もある。人脈を維持するには日ごろのメンテナンスが欠かせません。

それだけに会社の人事は常にチェックしておくことが大事です。担当の人が変わったら、後任の人とまた信頼関係づくりが始まります。いつも新しい出会いの繰り返しで、人脈をつくり、保ち続ける行動に休みはありません。先述した「人脈十年」の通りです。

昨日まで部長だった人が取締役に昇進したのに、部長さんと呼んだら、その瞬間に後の祭りです。反対に、すぐお祝いの電報や手紙を出すと感激され、深く印象に残ります。

経済同友会とロータリークラブに入る

人脈づくりの場はパーティーのほかにもいろいろあります。地元のキーマンはたいていどこかの団体に所属しているので、そこに可能な限り参加するのです。

人脈づくりをスタートした五十歳のとき、私は数ある団体のなかから公共に尽くす理念を持ち、肩書、年齢などは関係のないフラットな組織で知り合いをつくりたいと思いました。

最初に入会したのは公益社団法人の福岡経済同友会と「超我の奉仕」をモットーに職業奉仕、社会奉仕活動に取り組むロータリークラブでした。地元の有力者たちと共通の社会的テーマに取り組む会員になったのです。

どちらも委員会に所属する仕組みなので、最初から会員同士に仲間意識があります。ここが私の人脈づくりの継続的な拠点になりました。定年退職した今日でも、私は経済同友会とロータリークラブの会員です。どちらも三十数年、継続中です。

その後も人との出会いを求めて、ベンチャー企業を支援する会をはじめ、趣味の会や少人数の勉強会など二十数サークルに入会しました。ベンチャー企業の若手の創業者と話したり、先輩と後輩の間柄になったり、弟子になることもあって、仕事では直接お付き合いのない人脈も広がって、いまでも親しい関係が続いています。

若い人たちも小さな集まりでもいいので、新しい出会いの場に飛び込んでほしいと思います。業種が違う人たちと仲良くなれば、それまで知らなかった業界の内実に触れたり、驚きの発見があるでしょう。

孔子の論語によれば「五十にして天命を知る」。どうやら私の天命は、人に会って学ぶことだったようです。

「正受不受」と「何が正しいか」

人脈づくりに至るまでにも、私には忘れられない出会いと言葉がありました。なかでも研修所時代に教えてもらった三つの言葉は、私を支えてくれた金言です。

ひとつは研修所の壁に額入りで掲げられていた「正受不受」という文字。私なりの解釈は、いまある状況を素直に受け入れるか、受け入れないかで、その後の自分の気持ちは変わる。会社でいえば、与えられた職場が嫌でも、いったん素直に受け入れてみる。一所懸命もがき苦しみ続けているうちに、仕事の意味や価値がわかって、成長の糧になっていく、そのように理解しています。

どんな境遇に置かれようとも、いったん開き直って与えられた仕事に取り組んでいるうちに、自分の居場所もやりがいも見つかるものです。私自身、正直なところ、「何でこんな仕事を」と思ったことは何度もありました。そのたびに「正受不受」の言葉を思い浮かべて、努めてそうやってきたような気がします。

二つ目は「だれが正しいかではなく、何が正しいかで判断する」。社外の研修会で講師から聞いた言葉です。そのときの内容は「上司と意見が違っても、お客様にとってこれが正しいと信じることは臆せずにいうことが大事」と記憶しています。

いまでも私は「お客様のためになる、よろこばれる」というフィルターを通して、何が正しいかを判断するようにしています。

立場を変えると見方が変わる

三つ目は「何事も上から見る、下から見る、横から見る。三つの方向から見る」。上司からの忠告です。

若いころの私はちょっとおかしいなと思ったら、先輩に対しても「それはこうじゃないですか」と直言するタイプでした。いまにして思えばまだまだ学生気分が抜けず、一本気な気持ちが強かったのかもしれません。

先輩はそんな私のことが気になったのでしょう。ある日、紙を取り出して、鉛筆でコップの全体図を描き始め、続いて上から見たときの大きな円い形、下から見たときの小さな円い形、横から見た長方形を描きながら、こう諭してくれました。

「一つの面だけ見て、これしかないと決めつけるな。お前は直線的なところがある。見方を変えろ、同じものでも、角度によって違う形が見えるだろ」

このアドバイスもずいぶん活用させてもらっています。私流にいえば「見方を変える」とは「立場を変える」ことです。自分の立場ではなく、相手の立場から見る。営業先の会社の社長になって見る。立場を変えるだけで見方が変わり、発想は無限に広がります。

「よくばりな人」になろう

もう少し営業マンに必要な「人に会うときの心構え」について触れておきます。

若い人に「あなた、もっとよくばりな人になったらいいよ」と声をかけると、「えっ、欲張りですか」と驚いた顔をされます。そういう意味ではないのです。

私のいう「よくばり」とは、「四つの配り」のこと。目配り、気配り、心配り、手配り、この四つです。以下、私の経験に基づいた解釈です。

目配りは、よく注意して、まわりを観察すること。営業訪問して社長室や応接間に通されることがあります。その部屋のなかに何があるか、目を配るのです。

先代の社長の顔写真とか額に入った社是、感謝状、表彰状、絵画などが飾られていたら、それらは挨拶のときのちょっとした話題になります。その場の緊張感をやわらげて、話しやすい環境をつくるきっかけにもなるでしょう。

気配りは、相手の気持ちを汲んで、さりげなく対応することです。アポイントをとって訪問し、話をしている最中に、先方に電話がかかってくることがあります。そのとき忙しそうだなと感じたら、迷惑にならないように辞去します。そうすることで、こちらの状況がよくわかっているな、気配りのできる人間だな、と感じてもらえます。

心配りは、相手が古希を迎えたとか、子どもが生まれたときなど、そのときどきの心理状態を察して、それにふさわしい応援をすることです。「おめでとうございます」、「あなたなら、きっとできますよ」という心からのひと言が相手を包み込みます。

手配りは、事前の準備や手配をすることです。訪問先のお客様や会社に関する情報をできるだけ集める。社長の出身地や趣味、あるいは会社の業界の動向や取引先を調べておくのです。これをやった人とやっていない人では話の中身が違います。相手にも微妙に伝わります。手配りをやってこそ、よろこんでもらえる気配りや心配りもできるのです。営業で大切なのは事前に準備できる「手配り」です。

意欲を持って「よくばりな人」になりましょう。

「なくてはならない人」に

信用と信頼、有能と有用は、どんな違いがあるでしょうか。

信用は本人の努力もさることながら、効果的な方法は営業先のお客様からの紹介で訪問すること。そうすれば最初の挨拶のときから信用してもらえます。これも人脈の効用です。その後の「報告、連絡、相談」のいわゆる「ホーレンソー」も大事になります。会社への連絡だけではなく、紹介してもらったお客様にも、その後のプロセスを報告するのはビジネスのルールです。相手はどうなっているのか、気にしています。電話一本するか、しないかで信用は大きく違ってきます。

信頼は個人の努力で、相手によろこばれる行動と結果を積み上げて得られます。小さなことでも一つひとつやっていく。私は「ギブ・アンド・テイク」ではなく、「ギブ・ギブ・アンド・テイク」をします。例えば、どんなに小さなことでもお客様の「役立ち情報」を伝えるのです。そうすると信頼感は高くなります。

有能と有用の違いはどうでしょうか。有能な人とは能力がある人です。MBA（経営学修士）の資格やTOEICの高スコアを持っている人はまわりから評価されます。しかし、どんなに有能でも、能力を発揮しなければ無きも同然でしょう。

有用な人とは役に立つ人のこと。いわれたら、パッと動く。いてくれると本当に助かる。こういう人はどこにいっても歓迎されます。「うちにとってなくてはならない人だ」と認められるようになれば、テイクは何度もやってきます。

あの人なら困ったときに相談に乗ってくれる、きっと役に立つ情報を教えてくれる。そういう人になるのです。人脈づくりと相通じることです。

魔法の言葉、「教えてください」

知識と知恵の違いにも触れておきます。知識とはある事柄について知っていること。勉強すれば知識は吸収できます。

知恵は失敗や成功の経験を通して、初めて身につきます。挑戦しないと知恵は生まれません。まず、やってみる。失敗したら、ひとつ知恵がつく。そこでまた挑戦する。成功の陰には数々の失敗から得た知恵があるのです。

経験から生まれる知恵の数々をひとりで会得するのは無理というもの。だから人に教えてもらうのです。わからないときや困ったときは、「ひとつ教えてください」とお願いすれば、目上の人はよろこんで知恵を授けてくれます。そういうものなのです。

私の実感では、歳を重ねると「自分の経験で得たものを伝えておきたい。世の中の役に立ちたい」という貢献願望が強くなります。後輩たちに経験した事例やそのときどきの知恵や工夫を伝えたい、応援したいという気持ちがどこかにあるのです。

職人の高度な技術の継承もそうですが、営業の達人たちの知恵が受け継がれることもなく、忘れ去られるのは大きな損失だと思います。

営業の仕事でも、せっかく社長に会ったのだから、何かひとつ学ぼう、という姿勢が大切です。「最近、業界の動きはどうですか」と聞くだけでも、一歩、前進です。

若い営業マンが相手にするのは、ほとんどが年上の人でしょう。「教えてください」も人間関係を滑らかにする昔からの知恵のひとつです。

*　　*

次章では、これまで紹介した人脈づくりのノウハウを活かして、お客様によろこばれる提案営業について考えていきます。

伝えたい言葉・第1章

桃栗三年、柿八年、人脈十年

人の話を聞いているうちに、その人の歩いてきた人生を共有しているような感じになります。ケース・スタディーを他人の経験からリアルに学べるのです。

人脈をつくる極意は「無精をしないこと」です。

口はひとつ、耳はふたつ。自分が話す倍、他人の話を聞きましょう。

「よくばりな人」になりましょう。「よくばり」とは「四つの配り」。目配り、気配り、心配り、手配りです。

立場が変わると、見方も変わります。

第2章

よろこばれる提案営業

「営業は嫌」が変わった

「営業」といえば、単純に「モノを売る」という仕事と思われがちです。やってみると、そう簡単にモノは売れません。売ろう、売ろうと力んでも、なかなか売れない。営業をやっていて、お客様の分厚い壁を感じたことのない人はいないでしょう。

最近は「営業はいやだ、自分には向いていない」という若い人が多くなっています。しかし、どんな会社でも営業活動とまったく無縁で過ごせるサラリーマンはごくわずかです。近い将来、ロボットが事務職に置き換わるときがきます。営業と無関係な仕事は確実に少なくなる一方です。そのことに早く気づいて、営業が好きになるチャンスにトライした方がいいと思います。

私も会社に勤め始めた当初は営業が嫌いでした。若いころは知らない人に会うとすぐ顔が真っ赤になる赤面恐怖症で、人前で話すなんてとんでもないことでした。毎日、自転車に乗ってまわり、「いまはちょっとね」、「うちはいいよ」と断られるたびに、なんでこんな仕事をしなくちゃいけないんだ、と本当に嫌でたまりませんでした。

それでもお客様の訪問を繰り返しているうちに、「わからなくて困っている」、「何とかしたいんだけど」といった話をしてくれるようになり、そういうときはできる限り調べて、答えを持って行きました。人手が足りないと聞き、長靴をはいて、鎌を片手にやったこともない稲刈りを手伝ったこともあります。

若いのが一生懸命やっているとお客様は見ていたのでしょうか。まったくパッとしない新米でしたが、半年後、預金獲得の全社活動のとき、支店トップになったのです。「あのとき、お世話になったから」というのが、預金をしていただいたお客様たちの声でした。知り合いに呼びかけて、営業の助太刀をしてくれた方もいました。

ちょっとしたことでもよろこんでもらえる、それをやればいいんだ。営業でいちばん大切なことをお客様に教えてもらったのです。

よろこんでもらうために行く

初めてトップになり、小さいとはいえ山の頂上に立って、それまでの景色も私の意識もガラリと変わりました。与えられた目標に対して「営業をやらされている」ではなく、自律的に営業の目標を立てて、「自分からやる」に切り替わったのです。以後もトップを続け、本部に移動するまで苦しくも楽しい営業の五年間でした。

お伝えしたいのは、あんなに営業が嫌いだった私でも、自分の意識を変えるだけで、おもしろさがわかってきたということです。

自分も経験したからわかるのですが、お客様を訪問するとき、呼ばれてもいないのに突然、忙しいところに顔を出すと邪魔になるだろうなぁ、などと考えてしまい、何となくそういう自分が嫌になるというか、臆するような気持ちになる人も多いのではないでしょうか。

「売りに行く」と考えるから気が重くなるのです。「売る」という発想ではなく、「いい話を伝えて、よろこんでもらうために行く」という「役立ち思考」の意識を持つのです。すると思いがけなく、お客様から「知らなかった。いい話を聞かせてもらった」と感謝されることがあります。

そのとき、やっぱり、役に立つ情報を持って行ってよかったなぁ、と思うのです。

お客様の反応がご褒美になって、またやろうという気持ちが芽生え、そのことが楽しみになってきます。

営業マンは人の心を読み解いて、お客様によろこんでもらう専門家であれ、というのが私の考えです。

「働く」から「傍楽《はたらく》」へ

先達たちも営業に関する知恵をたくさん残しています。何とかして売れる方法はないか、よろこんで買ってもらうにはどうしたらいいのか、三大商人といわれる大阪商人、伊勢商人、近江商人たちもさんざん苦労して身に着けた商売の教訓を伝えてきました。

それらの教えや家訓などの勉強はさておいて、ひとつだけ伝えておきたいのは冒頭でも紹介したように、江戸商人の心構えにある「傍楽《はたらく》」という言葉です。

「傍楽」とは労働を意味する「働く」ではなく、「傍の人を楽にする」、「楽しくする」

こと。お客様の役に立ち、よろこんでもらう。その方が同じ仕事をするにしても楽しくなります。

また「傍を楽にする」対象とその考え方は個人だけではなく、企業との取り引きにも当てはまります。訪問先の企業によろこばれることは何かを考える。キーマンに会って、その何かを見つけて、それを反映した提案を持って行く。これが私の思うところの営業です。

営業の仕事を「働く」と受けとめるか、それとも「傍楽」と見るか。それだけでもお客様への接し方は大きく変わります。

「傍楽」ことは、営業だけでなく、商品開発やサービスなどすべての企業活動に求められている基本的な姿勢だと思います。

三人の石切り職人の話

「三人の石切り職人」という話があります。

ある夏の暑い日、旅人が汗だくで作業をしている三人の石切り職人に出会いました。一人目の職人は不機嫌そうな顔で石を切っています。二人目は黙々と石に向かっている。三人目は笑顔で働いていました。

旅人は不思議に思って、それぞれに「あなたはどうして石を切っているのですか」と尋ねました。

一人目の職人は腹立たしげに答えました。

「見りゃ、わかるだろ。カネをもらうためさ」

二人目は手を休めずに、

「腕のいい石切り職人になるんだ」

三人目はうれしそうに返事しました。

「教会をつくっているのさ。俺がつくる教会は何百年先になっても大勢の人たちがやってくるんだよ」

同じ仕事をしていても、受けとめ方は天と地ほども違っていたのです。一人目の職人の目的は生活のため、二人目は専門能力を磨くため、三人目はお客様をよろこばせることに仕事の意義を見つけている。どこの会社にもこの三人のタイプはいそうな気がします。

自分がやっている仕事は人々とどうつながっているのか。どういう人たちの役に立っているのか。そういうふうに考える人とそうでない人とでは「三人の石切り職人」のように心の持ちようが違ってきます。

だれかの役に立っている

私にもこんな営業の経験があります。お客様に資金を融資するのは、銀行業では当たり前の仕事です。融資が決まると達成感がないわけではありませんが、いずれにしても通常の業務のひとつです。

ところが、その融資で建てられた社屋や工場などの落成式に出席して、立派な建物を前にしてよろこんでいる社員さんたちの笑顔を見たとき、こんな建物ができたのか、融資の仕事をしてよかったなぁ、と思ったのです。

三人目の石切り職人のようなものでしょうか。彼の目にはやがて完成する教会とそこに集まる人々の様子がありありと映っていました。

実際の営業でもよろこんでもらっている姿を確認する経験を重ねていけば、自然にお客様の笑顔を見たいという気持ちが強くなってきます。そこから仕事のやりがいが見つかり、もっとよろこんでもらうにはどうしたらいいのかと考えることが楽しくなってくるのです。そうしていると無意識のうちにお客様の立場でモノゴトを見るようになって、それまで思いつかなかった知恵や工夫も出てきます。

自分の仕事に誇りを持つ

いつも「傍を楽する」ことを意識して、人の役に立ち、よろこばれることをしたら、仕事に対するやりがいや誇りも生まれてきたという例を紹介しましょう。

二〇一六年四月に起きた熊本地震に関する話です。あるドラッグストアは熊本地区の十数店舗が被災して、いっせい休業に追い込まれました。他社のさまざまな業態の店舗も倒壊などで閉鎖され、地域の人々は薬や紙おむつなどの必需品が手に入らず、困り果てていました。

　そういう事態に直面したドラッグストアの社長は地震発生の大混乱の最中、「地域の人たちが困っている。どこよりもいちばん早く店をオープンして、早く商品を届けよう」と熊本地区の全店舗に号令したのです。本社の社員も総動員され、パートの人たちも不眠不休で店内を片づけて、いつも通りに商品を並べ、被災したすべての店舗は地域で真っ先に開店にこぎつけました。

　オープンの日の朝早く、各店舗には人だかりができていました。

「本当に助かります。ありがとうございます」、「この店があってよかった」。感謝の声が飛び交い、店員の手を握って頭を下げるお客様もいました。

　感動したのは店舗の従業員たちも同じでした。自分の仕事がこんなによろこばれている、地域の人々の役に立っているということを肌身で体験したのです。

　これを契機に従業員たちの仕事に対する意欲や誇りは格段に高まり、コミュニケーションも活発になったのです。

狩猟型の営業だけでいいのか

お客様と緊張関係のまま商売に入ってはいけない。これは営業の鉄則です。はじめに心がけておきたいことは少しでも警戒心を和らげて、訪問を受け入れてくれるような状況をつくることです。

例えば、アポイントをとるとき「三十分間だけいいですか」とお願いする。そして訪問したときには「今日はひとつ二つ、役立つ情報をお持ちしました」というだけでも、相手はそれなら少しぐらい話を聞いてみようかとなるものです。

また用件が終わって帰るときには「今日はいろんなご質問をいただきました。きちんと整理して、またお伺いします」といえば、次の訪問につながります。改めて触れるまでもない営業の常識ですが、こういうひと言が習慣になっていない人もいます。

なかには初対面の挨拶もそこそこに、自分は売るためにきたとばかりに、一方的に商品の説明を始める営業マンがいます。さながら新しい獲物を次から次に追いかけて行く狩猟のような感じです。

その気持ちはわかります。でも、「結構です。要りません」と断られたら、それで終わり。次に営業訪問するチャンスも消えてしまいます。それよりもずっと長い間、何回も訪問できる関係をつくる方がはるかにいい。

そのような営業を、私は狩猟型に対して、農耕型の営業と呼んでいます。先の「人脈づくり」でも触れたように、農業のように畑を耕して、タネを撒き、手入れをしながらお客様との信頼関係を育てていく営業です。次々に花が咲き、実をつけるので、収穫が途切れることなく、長く続きます。

「海の幸」と「山の幸」を持とう

例え話をすると、大きな魚がたくさんいるときは一発狙いの狩猟型が効率的です。しかし、魚の群れがなかなか見つからないときには、山に出かけて食べごろの果実を採るのです。

つまり、短期の大きな収穫も当然、必要ですが、一方では小さくても毎年収穫できる農耕型の仕掛けも大事です。営業でも短期で成果が手に入る「海の幸」と長期的で安定した収穫が期待できる「山の幸」の両方を持ちましょう、というわけです。「売ろう、売ろう」で行きづまったときには、ぜひ、そういう発想をしていただきたい。これについては後で詳しく触れます。

売ろうという意識が強過ぎると、どうしても狩猟的な言動になります。ガンガン攻められて、はい、そうですか、わかりました、という人は少ない。押しつけられると、人は反発します。営業訪問で最初にやることは、お客様との信頼関係をつくることです。そこが入り口です。

「聴く」ことで、信頼関係をつくる

見知らぬ人が接触してくると、だれでも本能的に自分を守ろうとして、まわりにバリア（防壁）をつくります。「この人、だれなの」、「何をするためにきたのかな」という警戒心が働くのです。この壁を取り除かないまま商談に入っても、相手の心は固まったままで動きません。

では、お客様の心に生じるバリアを外すにはどうすればいいのでしょうか。それには訪問前の心の準備として、まず自分の心のバリアを外します。先述したように「売りに行く」のではなく、「よろこんでもらえる話を伝えに行く」と発想を変えるのです。

次に、お客様の緊張感を取り除いて、親しくなるための心構えは人脈づくりと同じで、「話す」よりも「聞く」です。

営業訪問のシーンでいえば、玄関を「目配り」して、例えば、サッカーボールがあれば、「おっ、子どもさん、サッカー、やってますね。おいくつですか」と切り出すだけで、その場の空気はずいぶんやわらくなります。

ここで大切なのは「聞く」ではなく、「聴く」ことです。「聞く」とは音や声が耳に入ること。「聴く」は人の言葉を受け入れて、その意味や理由を認識することです。相手の話を真剣に聴いて、相づちを打ったり、質問をしているうちに、その人が抱えている事情や胸の内が少しずつわかってきます。

医者の仕事でいえば、患者を診断するために「問診」、「視診」、「触診」をするのです。

「聴診器」を手に病歴や症状を聴いたり、まぶたの裏側を見たり、手のひらや指で体に触って、話しかけながら診断する方法です。患者にとっては血液検査などのデータばかり見て病状を判断されるよりも、ずっと親しみや安心感があります。

企業を営業訪問するときも、まずは「聴く」態度で臨みましょう。うちの会社のことを熱心に学ぼうとしている、お客様からそう思ってもらえると次第に一体感が出てきて、お互いの間に信頼関係が生まれてきます。

「聴く」という字は「耳」偏に「徳」のツクリがついています。これを繰り返していると、人間的にも成長して、自分にも少しずつ「徳」がついてくるような気がするのは、私の思い過ごしでしょうか。

先入観を取り除こう

これも私見ですが、「聞く」という文字を構成している「門構え」は営業にも通じる示唆的なニュアンスがあるように思います。

どういうことかというと、バリアは営業マンとお客様のどちらにもあります。「聞く」は障壁となる門構えの中に「耳」が入っている。聴くは「耳」が外に出ているので、よりはっきりと聴こえます。

もうひとつ、お客様との障壁になりやすいのが業種や職業からくる先入観や固定観念です。そこで、これらも取り払います。

銀行の営業マンを例にとって説明すると、営業訪問したとき、お客様は「銀行の人」という先入観を持って会います。

心のなかに「預金をしてくれという話だろう」という警戒信号が点滅しているのです。そんな状況で「預金をお願いします」といったら、お客様は「やっぱり売り込みにきたんだ」となります。

そこでどうするかというと、営業マンは銀行という「門構え」を外すのです。「銀行の人」ではなく、「傍を楽にする人」になって、お客様が関心を持ち、よろこんでもらう話をする。そうするとお客様のバリアも薄れていきます。

ちなみに私は最初から「預金をしてください」といったことはほとんどありません

でした。では、どうしたのかについては、この後で述べていきます。

お客様に会うとき先入観や固定観念といったバリアをつくっていないかを意識するだけでも、コミュニケーションは格段に改善されるでしょう。このように「売る前」に考えておくことはたくさんあります。

提案営業で心を動かす

私がやってきたのは提案営業です。これについて実践的な話をしましょう。

基本は「傍を楽にする」こと。単にモノを売るのではなく、企業の役に立ち、よろこんでもらえる提案と営業をセットにするのです。

実際のところ、モノだけ見せてもなかなか買ってくれません。同じ商品はあふれているので、できるだけ安いところを採用するのが普通です。

そんなことはいわれなくても、嫌になるぐらい経験している。でも、どうやったら売れるのか、その方法がわからない、という営業マンがいます。この心のジレンマを解消する切り札として活用できるのが「提案型の営業」です。

提案の内容は企業によってさまざまです。さらに、いまは人も企業も「十人十色」から「一人十色」に変わっています。何でも提案すればいいというものではない。そのときどきの個別のウォンツをつかまえて、それに合った提案をしないとよろこんでもらえない。

そのウォンツをきちんと反映させて伝えるには、内容をシンプルにする必要があります。子どもたちにもわかる紙芝居をつくる要領で、要点を二つか三つに絞り込む。ゴチャゴチャした内容はニーズが明確になっていない証拠です。

ニーズは欲しいモノやサービスが具体的で、対象も明快です。ウォンツはあったらいいいな、欲しいなと思っている漠然とした欲求で、本人にもその形がはっきりと見えていない場合があります。いわばお客様の心の水面下に隠れている需要です。

従って、お客様によろこんでもらうには、そうした潜在需要をつかまえる「ウォンツ営業」が欠かせません。

いまも昔も営業の本質は「人の心をよろこびで動かす」ことです。

営業マンがやることは、売りに行くのではなく、「ウォンツを探しに行く」ことです。

そして、それをベースに提案営業を始めるのです。

ウォンツを発掘する

ウォンツは人の心のなかにあります。それはお客様本人の口からしか出てきません。

では、どうやって聞き出すのか。

よくある方法は真剣に話を聴いて、「なぜ、どうして」という質問を、「教えてください」という謙虚な姿勢で尋ねること。そこから話が広がって、ニーズやウォンツはだいたい見えてきます。

支店長時代の営業の事例が参考になるかもしれません。あらすじはこうです。

自宅兼社屋の会社に新規取り引きのお願いに行った営業担当がいました。何度足を運んでも、「銀行と付き合う必要はない。付き合う気もない」の一点張りだというのです。そこで私が同行することにしました。

「経営資金はどうされていますか。必要なときもおありでしょうから、いつでもお声をかけてください」

「うちは無借金経営だから、どこからもカネを借りる必要はない」

「預金はどうされていますか。給与などの支払いもおありでしょうし、それから……」

「郵便局で間に合っている。あんたの銀行よりも近いから、何の不満もない。もうこなくていいよ」

「何か、お役に立つことはありませんか」

「何もない」

こんな調子です。社長はいろいろ苦労して、ここまで立ち上げてきたんだろうな。これ以上、経営の課題を聞くのは失礼になる。

なんで初対面のお前に話さんといかんのか、と思われるのは当たり前だ。このままでは話が噛み合わない。

そのとき、ふっと浮かんだのが、社長が抱えている課題ではなく、心のなかにある「夢」でした。

社長の夢はなんですか

「そうですか。社長さんはいままでやりたい夢をぜんぶ実現されてきたのですね。すばらしいですね」

すると、社長の口からウォンツが出てきたのです。

「そんなことはない。まだ夢はあるよ。なにもかもは実現しとらんよ」

そこから「聴く」が始まりました。本社屋の規模とは裏腹に社員は三百人もいて、みな海外のプラント建設に長期間、派遣しているとか。その社員の子どもたちが「同級生たちからいわれた。お父さんの会社は小さな事務所なの」といっていると聞いた社長は、社員たちの家族が誇りを持てるような立派な本社をつくりたいと考えていたのです。これをきっかけに、土地を探している、まだ建設会社も決まっていないという「内輪の話」になりました。

そういうことならお役に立つことができそうです。「もしものときには、必要な情報を提供したり、ご紹介もできます」となって、社長はとてもよろこんでくれました。

まさか初対面の銀行員と本業とは関係のないことまで話すとは思ってもみなかったようです。それからしばらくして難攻不落だった社長は、自分の方から取り引きを申し出てくれました。

カネに関する話はいったん止めて、社長の思いを聴くことに焦点を当てたのです。だれでもこうありたいという夢はある。必ず、ウォンツはあるのです。「カネを追うな、人を追え」です。

「コンシェルジュ」に学ぶ

ウォンツはつかんだ。でも、わが社にはその商品がない。だから諦めるしかない。そういうときに思い起こしてほしいのが「コンシェルジュ」です。一般的にはホテルにおいて、お客様のさまざまな要望に応える専門職として知られています。

本来の意味は建物の門番で、カギを管理する係りのこと。私のイメージは、未知の世界との間にある扉のカギを開けて、お客様のどんな要望でも応えてくれる人です。

お客様のほしい自社商品がなかったら、コンシェルジュのように一生懸命に探します。そのときの立場は、お客様のウォンツを満たす情報代理人です。ほしいものはなんでも探してくる営業マンは、お客様との関係がより深まります。何よりも「頼りにされる関係」をずっと続けることが重要なのです。

コンシェルジュのような営業をしていると、自分の仕事とは直接関係のない、ほかの会社の商品のお世話をすることもあります。

支店の営業マン時代の例をひとつ挙げます。

定期預金の満期がきたお客様に継続のお願いに行ったときのことです。何度も足を運びましたが、うまくいきません。いろいろ聞いていると、そのおカネでやりたいことがあるというのです。それは「新車を買う」でした。そういうことなら預金の継続なしでも、仕方がありません。

そこで銀行の仕事とは関係なく、少しでもよろこんでいただければいいなと思って、取引先の車の販売店の社長を紹介したのです。

これも「傍を楽にする提案営業」のひとつです。販売店は紹介されたお客様なので、サービスにも特別に配慮して、丁重に対応してくれました。お客様もよろこばれたし、販売店も思いがけなく新車が売れたので大よろこびです。

これでお客様と販売店の社長に「お世話になった」という意識が生まれます。それでいいのです。後日、お二人から「あのときのお礼」として預金がありました。

おっくうがらずに紹介の電話を一本かけるだけ。それで相手の「心が動く」。これも営業です。目の前のお客様だけでなく、その先の人もよろこばせる。そこに気がまわるかどうか、ほんのちょっとしたことが結果に結びつくのです。

「傍楽営業」をする

業種によっては耐用年数の長い高額商品なので、一度販売したら次の買い替えまでチャンスはない、それが常識というところがあります。契約にこぎつけるまで相当な時間と労力を費やしたのに、次のアプローチは五年も先というのです。その間、売上はゼロ。お客様との関係も希薄になります。

長続きする関係をつくりたいのなら、自社に持って行く商品がなくても、コンシェルジュのように他社の「役立ち商品情報」を提案すればいいのです。

大手企業にも他社の売れ筋商品を自社のパンフレットに載せて、紹介営業しているところがいくらでもあります。自社の商品を販売するのは当然ですが、お客様によろこんでもらえる提携他社の商品も扱うことで、販売手数料が入るだけではなく、お客様との関係も途絶えることがありません。

おわかりでしょうか。ひとつの目的だけでお客様を訪問しない。「傍を楽にする営業」をするのです。

ワンストップ・ソリューション企業へ

営業でつかんだお客様のニーズやウォンツは会社を大きく成長させるきっかけにもなります。その事例を紹介しましょう。

ある地方都市にこんな会社があります。昭和二十六年の創業当時の主力はお菓子用の甘味料と小麦粉の販売でした。製菓の業界は地域に密着した伝統のある小規模企業が多い半面、地域の外の情報は入りづらく、必要なモノがあってもどこに頼んでいいのかわからないというのが実情でした。

この会社は「お客様の困っているという相談には全部応えなさい」という社長の考えが徹底していて、営業マンが聞いてきた「包装紙がほしい」、「あのスプーンはないか」という声に応えていました。

創業のころからこつこつと小さな「お役立ち事業」をしていたわけです。それに伴って自社にはない商品を取り寄せる仕入先も広がっていきました。

そのうち「あそこに頼んだら何でも持ってきてくれる。本当に助かる」という評判が立ち、いまでは本業の製菓・製パンの原材料だけでなく、調理器具、小道具、厨房機器、製菓・製パン機械などの食品機械も扱う菓子メーカーの総合商社に成長しています。

こうなるとお客様にとって、一社ですべてのウォンツを解決してくれるワンストップ・ソリューション企業です。

顧客の支出シェアを伸ばす

私も展示会に足を運びましたが、一万点以上の多種多様な製品が並んで、さながら最新情報の見本市のようでした。

顧客は小麦粉も機械も買ってくれます。一つひとつの商品の市場シェアは低くても、顧客が支出するトータルの支出の中で、同社への支払いは着実に伸びたのです。市場のシェアを高めることも大事ですが、顧客の支出総額のなかで、どれだけの自社の売上を大きくするかという「顧客の支出シェア」を伸ばすことで、この会社は創業以来、増収増益を続けています。

元をたどれば、成長の秘訣はお客様の「ほしいな、あったらいいな」にできるだけ応える「コンシェルジュ営業」と「傍楽企業」の理念だったのです。

この会社はいまも顧客の要望に応じて、新しい商品やシステムの品ぞろえを拡張したり、見直したりしています。常に提案力を磨いているのです。時代の変化が生み出す人々のウォンツには限りがなく、ビジネスチャンスも限りがないというわけです。

ウォンツがビジネスモデルをつくる

ウォンツを発掘してビジネスモデルをつくり、それが普及すると新しい業態になって世の中に定着します。

介護の業界にもただ高齢者を預かる、介護するというニーズに対応するだけでなく、もう一歩踏み込んで、歳をとっても楽しく笑って、元気に老いたいという「笑老ライフ」を具現化した介護施設が福岡市にあります。

ここでは一日に何度もお年寄りたちが声を上げて笑うイベントを行い、そのお陰ですっかり表情が明るくなって、要介護レベルが改善に向かった入居者もいます。いまや順番待ちの施設です。

設立の背景には、創業した女性経営者の「もっと親孝行したかった」という思いがありました。小学生のとき重い病で倒れた母親の看病で得た体験が介護事業に踏み出した原点です。一九九七年、介護保険法ができたことを知ると、自分のやるべきことは「これだ」と思い、それまで勤めていた職場を辞めて、初歩から勉強して施設を開いたのです。

運営の理念は、入居したお年寄りを自分の親だと思って預かり、お年寄りが笑顔になるためにできることを実践すること。その後、NPO法人を設立し、「笑いながら楽しく老いる」ノウハウを全国に広げるための活動を続けておられます。現在、健康づくりや医療・介護に関する勉強会、認知症サポーター養成講座、情報交換のサロン開催など、地域ぐるみで高齢者の生活サポートを行い、各地から見学が絶えない状況です。

ウォンツは一人ひとりの心のなかにありますが、同じウォンツを持っていて、こういうものがあったらいいな、と思っている人は、世の中に大勢いるのです。

さて、ここで紹介した「楽しく老いてもらう」というセールスポイントを提案するのが、次に述べる「コト売り」です。

「モノ売り」から「コト売り」へ

「モノ売り」と「コト売り」。よく耳にする言葉です。いまは「コト売り」の時代といわれます。言葉は現代風ですが、これも昔からある営業のスタイルです。

「モノ売り」はその名の通り、モノを売ること。商品やシステムを中心に説明をする営業です。

一方、上手な営業マンは、この商品を買うと「さらにこんないいコトがありますよ」というところに力点を置く。そうやってお客様の心に働きかけます。このようにモノではなく、お客様にもたらす価値や意味を訴える営業が「コト売り」です。

例を挙げると「これをやれば、あなたは健康になります」とか、「この服はよくお似合いです。お若く見えますよ」というフレーズがそうです。体調に悩んでいる人が元気になれるのであれば、価格は二の次です。だからモノではなく、コトなのです。これもウォンツ営業のひとつです。

問題は「健康になれるコト」をどうやって伝えるか。そうすると、ひとつの物語として話すのがいちばんわかりやすい。

お客様の頭のなかに浮かぶのは、その物語の映像です。例えば、空気のきれいな自然のなかで、生産者が一生懸命に働いている姿であったり、一つひとつ丁寧に仕上げている品質へのこだわりだったり、そういう商品の付加価値が映像として浮かぶように提案する。それが「コト売り営業」です。マーケティングの用語でいえば「ストーリーブランディング」という手法です。

カタカナにすると難しく聞こえますが、「コト売り」の事例はあふれています。高級料理店のひと品にも「この鮎はどこどこの、なになにの」という特別品にふさわしい物語がついている。ただの「おいしい鮎です」ではお客様は感動しません。

「コト」で差別化をする

「お客様によろこんでもらえるコト」に絞り込んで考えると、自分たちの会社は何を差別化するかという旗印も明解になり、提供する商品やシステムの「売り」もはっきりするでしょう。

「仕事が速い」と評判の建設会社があります。得意分野はオフィスや店舗の内装で、実作業では最初の図面を作った後に、必ずといっていいほどこまごまとした修正が出てきます。通常では修正済みの図面ができあがるのはせいぜい翌日以降ですが、この会社は四時間後には完成させて、お客様にいち早く見せることができます。そのやりとりの密度が競合他社を大きく引き離しているので、成約率も高いのです。

この圧倒的なスピードを支えているのがアライアンスを組んでいる中国の企業です。設計の情報を中国に専用回線で送ると、たちまち修正が終わる。とにかく速い。それが強みです。つまり、この会社がお客様に提案している「コト売り」とはスピードの仕組みなのです。

「コト売り」はだれでもできます。しかも、人を感動させることも可能です。

こんな花屋さんがいました。私のオフィスに立派な蘭の花が贈られてきました。それから見慣れない若い人がくるようになったのです。蘭を届けてくれた花屋さんでした。「花が枯れないように、ときどき水をやりにきています」というのです。

花屋さんは花を売るのが商売です。しかし、蘭の花の贈り主は見立てた花のセンスだけでなく、「水をやるというメンテナンス」を選んだのです。

「コト売り」は人の心を動かします。それは確かに私の胸に響きました。いつかお世話になった人に花を贈るとき、私はこの花屋さんのことを真っ先に思い出すでしょう。

環境保護で選ばれる

「コト売り」でお客様に支持される着眼点をもうひとつ。それは商品と社会的な貢献をセットにすることです。

私の手元に大きな文字で「活業」と印刷された名刺があります。この会社は使われなくなったパソコンを廃棄処分するのではなく、資源として活かす事業を全国に展開しています。パソコンには外部に流失してはいけないデータが収録されているので、機密保持とコンプライアンスを徹底するために、社員たちがハンマーで破壊している企業もあるほどです。

需要があればその道のプロはいるもので、この会社は完全にデータを消去する工場を持っています。顧客にはデータを大量に保有して、情報の漏えい防止に厳格な官庁や大企業がズラリと並び、それだけでも会社の信用の裏付けになっています。

また不用品となったパソコンは有価物として買い取るシステムなので、売主はおカネが入ってくるだけでなく、廃棄処分する際に必要なマニフェストも不要になります。完全にデータを消去したパソコンは最新のOSに入れ替えて、新品同様にして販売するほか、海外にも輸出しています。

残りの中古商品にならないパソコンは使える部品は全部とって、残りはすべて鉄クズなどを回収する提携業者に渡します。捨てるところなし。まさに、すべてを再利用する「活業」です。

会社の設立は十五年前。地球の環境を守りたいという社会的なウォンツをいち早くとらえたビジネスモデルといっていいでしょう。

ソーシャルビジネスで成長路線へ

社会の課題をビジネスの手法で解決するソーシャルビジネスが盛んです。「傍楽」の視点から見ると「世の中の役に立ち、人々によろこんでもえるビジネス」となります。例をあげましょう。

「スポーツで社会貢献を目指す」をミッションに掲げている会社があります。十六年前に設立され、いまでは全国三十都道府県に事業所を展開し、約三千か所でスポーツ教室を運営しています。

事業を起こした背景には、スポーツをしない子どもたちが増えて、そのことを心配する親たちのウォンツがありました。放課後は遅くまで塾に通ったり、家のなかではゲームという生活に懸念を抱いている大人はたくさんいます。共働き世帯の増加という構造的な問題もあって、子どもたちとスポーツを結びつける仕組みの需要が潜在していたのです。

この会社の社長はスポーツの部活動でスパルタ式に鍛えられた経験がありました。それが嫌で運動部を辞める子どもたちがいます。そこで昔ながらの根性重視の厳しい指導ではなく、きちんとした知識や技術を持つスポーツの専門家を正社員に迎えて、地域の子どもたちを対象にした楽しいスポーツ教室を運動公園などで開いたのです。

実際に幼稚園児を集めた屋外での指導を見ていると、子どもたちは歓声を上げながら喜々として走り回り、心が洗われるような気持ちになります。

非認知能力に着目する

狙いは心身の健康づくりだけではありません。学力の高い子どもの方が生涯収入も高いという一般的な考えに対して、新しい教育理論で指導しているのです。

教育の分野に認知能力と非認知能力という言葉があります。認知能力とはIQや学力、記憶力、論理性などの点数で表せる「見える能力」のこと。学校や塾での勉強は認知能力を上げるためのものです。

一方の非認知能力は協調性、意欲、忍耐力、思いやりといった点数では表記できない「見えない能力」です。いわゆる「人間力」です。

内外の教育経済学者の調査・研究によると、認知能力よりも非認知能力の高い人が社会的、経済的にも成功して、年収も多いことがデータで証明されています。また非認知能力を身に着けるにはスポーツが有効ということもわかってきました。

この会社は、子どもたちだけではなく、成人・高齢者向けのスポーツ教室、さらに幼稚園、小学校の体育授業の委託、中学校の運動部の支援活動まで業務を拡大中です。「コト売り」は目新しい手法ではありませんが、時代の変化に合わせて変えていくのが肝要です。

「得」を説明する

これからは提案営業の現場で、お客様の最大の関心は何か、どうすれば成約のコースに乗れるか、という話をします。

最終決済を下すのはトップです。常に社長はどう判断するだろうか、と考えることがポイントです。そこで私が優先している営業のキーワードは「説得」と「納得」です。最初に切り出すのは商品やシステムの「説明」ではありません。

社長だったら、忙しい最中にパンフレットに書いてある営業マンの説明を長々と聞くでしょうか。それはないでしょう。

「うちの会社にとってプラスになるの」、「どこがプラスなの」、「リスクはないの」、だいたいこんなものです。出された提案を検討する、しないという決断まで、時間にして五、六分。

社長の関心のマトは、まず「プラス」の情報です。「得」を説明してわかってもらう、ここが肝心です。

だから「説明」よりも「説得」が先なのです。商品やシステムのこまごまとした機能説明よりも、コストが大幅に下がる、生産性が大きく上がる、超小型でスペースが生まれる、そういった「得」を最初に理解してもらう。「得」になる話を聞きたくないという社長はいません。

その次に社長が知りたいのは「どうして、そうなるのか」という説明です。ここでシステムや機能の話をします。その場合も特徴を三つ程度に絞るのです。最後はおカネの話。そのときには次に触れる「納得」のノウハウが生きてきます。

営業に行く前の基本作業として、先にも取り上げた「手配り」をすること。相手のことをできるだけ調べて、持って行く商品の「得」を整理しておく。現場に行く前から営業は始まっているのです。

先に「得」を納める

「得」はよくわかった。しかし、できればリスクはゼロにしたい。社長なら当然、そう考えます。

どんなにいい最新の製品でも、不具合が出てこないかな、もっといいものが出てくるかもしれないなと思うのが普通です。先にまとまった高額なカネを請求されると、そういう心配が出てくるのも無理はありません。担当者の身になれば、今まで慣れ親しんできた機械に替わって、新規取引のところから新しい製品が入ることにはすごい抵抗感があるものです。

そこで次のキーワードの「納得」です。「説得」もそうですが、この熟語もよくできているなぁ、と感心します。「得を先に納める」から「納得」。私にはそう読めます。実例を挙げておきます。

人工透析をやっている病院では水が命です。水道が止まると患者さんの生命に関わる。しかし、井戸を掘りたくても数百万円なのか、一億円かかるのか、調べてみないとわからない。その調査にもカネがかかるので、なかなか踏み切れないのです。

このようにニーズはあっても価格が障壁になって、営業がストップすることはよくあります。ところがここでも「必要は母」で、地下水脈の調査費用も井戸の掘削費用もすべて自社で負担して、井戸を掘ってくれる会社があるのです。お客様からすれば、ありがたい話です。

そのやり方で、どうしてビジネスが成り立つのかというと、システムの代金は井戸水の使用料で回収するのです。返済は毎月の水道料金というわけ。さらに公共の水道料金に比べて井戸水の方がいくら安いかがわかるデータも添えて提案しています。

万一、井戸の水が枯れたら、スイッチひとつでまた公共の水道が使える。病院の設備費用はゼロ。まさに先に「得」を「納める」ビジネスです。これも「傍を楽にする」発想から生まれた営業の知恵のひとつです。

このような仕組みを「ユースウェア」といいます。使った分だけ払うというビジネスです。古くは「越中・富山の薬売り」から延々と続いている方法です。

「農耕型の営業」を続けよう

営業編の最後のまとめとして「農耕型の営業」に触れておきましょう。反対は「狩猟型の営業」です。農耕型はお客様を育てる営業、狩猟型は取りに行く営業です。もう、お気づきかと思いますが、私がやってきたことは「農耕型の営業」です。

短期的な成果を求める狩猟型の営業をすべて否定するわけではありませんが、それだけでは行きづまります。購買の選択権はお客様にあり、ニーズやウォンツに合わないものはなかなか買ってもらえません。だからこそ狩猟型の片方で、お客様と信頼関係をつくり、長期的な売上を維持する農耕型の営業も続けていくことが大事です。

その心構えは人脈づくりと同じ。無精しないことです。タネを撒き、水をやって、未来のお客様づくりをするのです。提案営業に行って、それが実現しなくても、また訪問できる関係が大切なタネになります。私の経験では、数か月後、数年後に花が咲き始めたり、十年後に開いた花もあります。

時間がかかり過ぎる、という声もあるでしょう。しかし、既存のお客様は毎年二割、三割と減っていきます。狩猟型は次々に新しいお客様を探しまわるしかありません。

人との出会いを大切にする農耕型の営業では、人脈という地下茎が伸びて、思わぬところから芽が出たり、花粉が飛んでいくように遠く離れたところからも紹介されたというお客様が訪ねてきます。常に新しいお客様の新芽が顔を出し続けるのです。

「提案営業」、「ウォンツ営業」、「農耕型の営業」といろんな言葉を使いましたが、共通しているのは「傍を楽にする」こと。売ろうではなく、ウォンツを発掘して、お客様の役に立って、よろこんでもらえる営業です。そうすると営業の仕事はもっと楽しくなるでしょう。

余談ながら、私は福岡の川端商店街にあった陶器屋の息子として生まれました。体には博多商人のDNAが流れています。

戦後の一、二年間、店は開店休業の状態でした。お客様がこないのです。理由は簡単で、大変な食糧難でした。つまり、皿に盛る食べ物がなかった。だから陶器のニーズもなかったのです。ニーズがないとモノは売れない、という経済の法則を子どものころに体験したというわけです。

もうひとつの思い出は、父が話してくれた「商い」という言葉の意味です。一般的には「商いは、飽きずに続けることが大事」といわれます。

ところが父は「商いは、お客様が飽きないモノを売ること」と教えてくれました。そのころウォンツという言葉はありませんでしたが、「お客様から長く贔屓にしていただくには、いつもウォンツを見つけるように」という意味だったのでしょう。こちらの方が私にはしっくりきます。

お客様のウォンツは常に変化するので、じっと同じままで、止まっていてはいけないということです。農耕型の営業もそうです。決して「待ちの営業」でも、同じことの繰り返しでもありません。

＊　　＊

次章では、第1章と第2章で述べた人脈づくりと提案営業で、どういう成果が得られるのか、その実践例をご紹介します。

伝えたい言葉・第2章

「売りに行く」のではなく、「いい話を伝えて、よろこんでもらうために行く」のです。

お客様の立場を優先して「傍楽」ことは、営業だけではなく、商品開発やサービスなどすべての企業活動に求められている基本的な姿勢です。

親しくなるための心構えは「話す」ではなく「聴く」ことです。

「モノ売り」ではなく、お客様のウォンツを考えて、商品やシステムの価値や意味を伝える「コト売り」をするのです。

提案営業は「説明」よりも「説得」が先。そして、できれば「得」を先に納める「納得」から話すのです。

第3章

「コロンブスの卵」

取引額のシェアを上げる

西日本相互銀行は一九五一年に設立された中小企業専門の金融機関のひとつです。私が初めて支店長として赴任したのは黒崎支店で、まだ相互銀行のころです。歴史のある企業や優良企業との取り引きは少なく、中小企業取引が大半でした。

当時、大企業が資金を調達する手段は、それまでと大きく変わっていました。銀行から資金を借りる間接金融から、株式や社債を発行して投資家から直接、資金を調達する直接金融の時代に入っていたのです。資金調達の方法が多様化して、銀行に対する資金需要のパイは小さくなっていました。

企業にはメインバンクとその他の銀行がついているのが一般的です。企業は資金調達のパートナーである銀行との信頼関係を大切にしていて、長い付き合いの間に銀行との取引シェアのランクが自然のルールのようにできています。銀行の顔ぶれやシェアは変えたくないという意識が強いのです。そういう環境のなかでシェアを上げるには、とても普通の営業では食い込めません。

黒崎支店はある地元大企業の取引銀行の中に入っていましたが、取引のシェアは低いままでした。

別の登り口を見つける

相互銀行という立ち位置で、なんとか、この大企業の取引シェアをアップできないか。これが私の大きな課題でした。

銀行の営業の行き先は経理部というのが常識です。会社を城に例えると、銀行にとってそこは表口にあたる大手門にあたり、既存の取引銀行も防御を固めています。もちろん営業訪問しますが、熱意だけで通っても、どうなるものではありません。

肝心のウォンツがあるのは営業本部や新規事業開発の部署などです。それらは本丸にあります。だが、そこにたどり着くには大手門という壁がある。別の登り口を見つけるしかない。それはいったいどこにあるのか。

まずは城のなかの様子を知ることです。そのときに役に立ったのが、ちょっとした人脈でした。企業の情報を集めていると、人事部の幹部に学校の先輩がおられることがわかったのです。銀行とは直接関係がない部署なので、お互いに身構えずに会えます。そこで、ご挨拶に行くことにしました。会社の実情を聞き出すことが第一歩です。

キーマンから話を聴く

一九八〇年代はじめの日本経済は、一九七九年に起きた第二次オイルショック後の不況から脱しきれず、中曽根内閣は行政改革、財政再建が最重要課題でした。北九州市でも基幹産業が一部工場を休止するなど経営の見直しが始まっていました。

訪ねて行った先輩の話は地元の経済状況のことから、人事部だけあって労務管理の苦労や労働組合まで及びました。労働組合のことをいろいろ聞いているうちに、私の頭には目指していた城ではなく、城のなかにいる人たちのことが浮かんできたのです。

会社を支えているのは一人ひとりの社員です。彼らの生活の向上を図るのが労働組合です。それは人事部の先輩も同じ。組合員さんの生活のことがひとしきり話題になったとき、先輩の口から出た何げない言葉に、私は隠れていた鉱脈の一部に触れたような気がしました。

「うちの組合の委員長は労金の理事をして、労金とは密接な取り引きをしている」

労金とは労働金庫のこと。組合員の預金や融資から住宅ローンなどを取り扱っている協同組織の金融機関です。

ここで私がつかんだ「未来情報」は「いまは景気が悪いので、どこも大幅なベースアップはできない環境である」、「数千人の組合員さんがいる」、「組合は労金一社と取り引きをしている」ということです。

先輩は後輩の私を少しでも応援してやろうと思っていただいていたようです。

「預金の一部をそちらの銀行に預けてもらうように、組合の委員長にお願いしてあげようか」

そのとき私の気持ちは組合の委員長の立場に変身していました。キーマンになるかもしれない人物の登場に、別のことを考え始めていたのです。

「とにかく委員長に会わせてもらえるだけでもありがたいです」

よろこばれるに違いない

ある夜、お膳立てをしていただいた先輩と組合の委員長と席を共にしました。委員長はいい意味で肝っ玉の太い親分という感じの方です。その場の雰囲気がほぐれたころ、私は聞きたくてうずうずしていた内容へと話題を切り替えました。

「委員長の最大の使命は何ですか」

失礼な質問であることは百も承知の上です。

「そりゃあ、組合員の幸せを実現するのが、委員長の役目たい」

これで想定していたウォンツは確認できました。「組合員さんを幸せにしたい」のです。後はそれを具現化して、わかりやすく見せることです。

このとき私が描いていたストーリーは「最近は給与の大幅なベースアップがない。名目賃金が上がっていないということだ。だったら少しでも支出を減らして、個人が自由に使える可処分所得を上げればいい。手取りが増えるので組合の皆さんにはよろこばれるに違いない。組合の委員長さんも組合員さんの幸せを実現するのが役目だから、賛成してもらえるだろうな」ということでした。

「組合員の皆さんは、お子様の進学や住宅に必要なおカネはどうされていますか」

「それは労金がローンで貸してくれます」

「金利は……」

「二ケタ」

いまと違って、そのころは高金利時代です。二ケタは常識的な数字でした。

「その返済は組合員さん一人ひとりがされるのですか」

「組合がまとめて組合員の給料から天引きして、労金に返済しています」

「えっ、組合が天引きの事務処理もされているんですか。それは大変ですね」

「そうなんですよ。けっこう面倒です」

「そうですか。ところで、どうでしょうか、私どもはローンの金利を見直して、組合員さんの手取りを増やすだけでなく、いま組合の方でされているローン関係の事務処理も楽になるご提案ができるんじゃないかなと思います。ついては、もう少し詳しい打ち合わせをさせていただきたいのですが」

「そうなったら組合員たちもよろこぶし、我々もすごく助かります。これから先は書記長と話してください」

ウォンツに応える共同作品

こうして組合員の皆さんによろこんでもらえる提案づくりには、組合の書記長が参加しました。新しいチャレンジに共通の体験をしたのです。練り上げた提案は労働組合と組合員さんのウォンツを組み込んだ共同作品というわけです。プランができると銀行の本部に持ち帰って、承認の手続きを済ませました。

組合の委員長に提案したのはこういう内容です。

「組合員さんのローンの支払い金利を減らします。組合員さんを全部まとめた団体扱いの特約のローンを適用します。金融機関の預金の利率は全国一律と決まっていますが、貸し出しの金利はケース・バイ・ケースです。そこで組合員さんの毎月のローンの支払いの金利を一ケタまで下げましょう。

組合は労金と同じように、この特約ローンに対する一括保証をしてください。労金は個人保証も必要でしたが、私どもではいっさい不要です。いままで組合がやってこられた組合員さんのローン返済に関する事務も、すべて銀行のシステムでやります。組合員さんにやってもらうのは、うちの銀行に給与振り込みの口座をつくっていただくことだけです。ローンの返済は毎月そこから引き落とされます。各地の支社や営業所にいらっしゃる組合員さんがご利用になる窓口は、弊社のどこの支店でも構いません。どうでしょうか。これなら組合員さんも手取り収入が増えるし、組合も手間が省けるので、皆さんからよろこんでいただけるのではないでしょうか」

「三方一両得」を実現

結果は、即答でした。

「それはいいね。でも、銀行は金利が下がるので損するんじゃないですか」

「いや、そんなことはありません。金利収入は減るかもしれませんが、一人ひとりの組合員さんへの営業コストが不要になります。さらに事務的な処理も現状のシステムを使うので、十分、ペイします」

提案したのは「金利を下げる」という商品ではありません。お客様がよろこぶ仕組みをつくったのです。組合員さんはローンの金利が下がるので、一年間に換算すればかなりの金額がプラスになります。組合も事務の合理化ができてプラス、銀行もコストが下がって採算がとれるのでプラス。みんながうれしい「三方一両得」です。

こうして、この大企業の社員さんたちは次々に給与振り込み預金口座を開いて、特約ローンに加入してくれました。その後、これらの預金口座には社員さんたちが会社を辞めた後も、退職金や年金などが払い込まれてきたのです。

「価格」ではなく「価値」で動く

高くて厚い壁を破るには、役に立って、よろこんでもらえるという大義名分が要るのです。このときの経験が私の営業の原点になっています。

この話には余談があります。提案した内容を聞きつけて、他の銀行が組合の委員長のところに駆け込んだのです。後で聞いた話では「うちに任せてください。もっとローンの金利を下げます」ということでした。

委員長はその場で断ったそうです。

「そりゃあ、後出しジャンケンたい。決まった後で、うちでやらせてくれというのを相手にしていたら切りがない。先に持ってきた方と契約するよ」

価格競争には必ず追随者が出ます。しかし、信頼関係ができると「価格」では動かないということです。組合と組合員さんのウォンツを織り込んだ特約ローン提案は、組合と共同でつくったオーダーメイドの作品です。組合には自分たちが参加してつくったという愛着があります。つまり、「価格」ではなく、「価値」で判断するのです。

よろこんでもらえる実績をつくれば、またいい話を持ってきてくれるかもしれないという期待と信頼が生まれます。その後この大企業には、ほかの部門や子会社にも役立ち提案ができるようになりました。それらの積み重ねが本丸にも知れ渡り、城の大手門の重い扉が内側から開いて、取引シェアのアップにつながっていったのです。

コロンブスの卵

私は最初からこういう筋書きを用意していたわけではありません。大企業という大きな城を落とすとき、正面の大手門は固く閉じられていて、ぶつかってもビクともしない。ならば、どこか別のルートから本丸までたどり着けないかと思ったのです。

城の情報を集めているうちに気づいたのは、先輩の口から出た労働組合という出城でした。攻めるのはいきなり本体ではなく、そこにいる「人」だなと思ったのです。委員長に会って、話を聞いているうちに、そこには手つかずの鉱脈があるという確信がますます深まったのです。

最初は至難のチャレンジのように感じました。しかし、終わってみれば、どの銀行でもできる極めて単純なことでした。いわゆる「コロンブスの卵」のようなものです。組合の委員長から「こんなにいい話を持ってきたくれたのは初めてです」といわれたとき、「ほかの企業も同じではないか」と思いました。成功体験を積むと、その経験で得た方法や知恵が身について、それから先のターゲットも広がり始めます。

実績が大きな強みに

黒崎支店から営業本部に戻った後の一九八四年、普銀転換という大きな出来事に遭遇しました。ちょうどそのころターゲットに挙げていたある大企業では、社員の給与をこれまでの現金支給から口座振り込みに変更するという情報が流れていました。

私たちの銀行にとっていいニュースではありません。この企業とは本格的な融資の取り引きはなく、一時的に定期預金をしてくれるといった程度のお付き合いでした。このまま全社員の給与振り込みが始まったら、この先もずっと蚊帳の外です。

こちらの狙いは、給与の口座振り込み開始という変化を千載一遇のチャンスととらえて、社員さんたちの預金口座をできるだけ多く獲得することです。

調べてみると、この会社も前述した組合ローンがありませんでした。黒崎支店で体験したことと同じ状況です。同じ作戦が使えます。

すなわち、社員一人ひとりの預金口座を大量に獲得するには、その前段の仕掛けとして、組合用の特約ローンをつくって、そこに組合員さんが申し込みをしてくれればいいのです。なぜなら、その特約ローンを利用するには個人の預金口座が必要になる。まさに、そこがこちらの狙いです。ただ、それを給与の口座振り込みが始まる前にやらなければならない。

経験を積むと、同じ内容でもわかりやすく話せるようになり、営業もしやすくなります。何よりも今回の提案には北九州市の大企業で採用されたという確固とした実績がある。初めてお会いする委員長の立場や気持ちもだいたいわかっています。

初対面の挨拶の後、単刀直入に用件を切り出しました。

「組合員さんの支出を減らして、手取りの収入を上げるご提案をお持ちしました」

「本当ですか。そんなことができるんですか」

「はい。すでに北九州の大手さんがご利用になっていて、組合員さんたちからも非常によろこばれています」

組合委員長の反応は上々でした。先述とほぼ同じ内容の特約のローンの契約はとんとん拍子で締結。こうして首尾よく布石を打ちました。そして、いよいよ勝負どころの給与振り込みの刻限が近づいてきました。

お客様が味方になった

ところが、想定外のことが起きました。新しく入ってきた情報は「給与振り込みに利用できる銀行は四行に絞る予定で、そのために従業員に利便性のよい銀行はどこか、全従業員からアンケートを取る」というものでした。

このままでは私たちの銀行はとてもその四つに入れそうもありません。ここで動いたのが労働組合でした。

「お宅が給与振り込みのできる銀行に入ってもらわないと、せっかくお世話していただいた組合ローンのメリットが生かされない。組合員たちに新設した特約ローンの周知徹底を図りましょう」

組合が味方になってくれたのです。「特約ローンをご利用いただくには、返済は口座引き落としなので預金口座が必要になります」という、こちらが声を大にしていいたかった告知活動を組合の方で自発的にやっていただいたのです。

全社員を対象にした給与振込先の希望銀行アンケート調査の結果は、私たちの銀行がトップでした。ふたつの大企業が新しい組合ローンの提案を採用したという効果は絶大で、ほかの企業にも広がっていったのです。

よろこばれる提案を積み重ねる

人のウォンツを探していると、思わぬところで鉱脈を発見します。

ある大企業の場合、本社から遠く離れた拠点もそうでした。そこでは関連会社の社員や作業員が年間で延べ三万人も働いているというのです。

これだけ聞いて、そうですか、で終わったら、表面に出ていないウォンツは掘り起こせません。詳しい話を聞くと「近くに銀行も郵便局もないので、現場の従業員たちは預金を下ろしにいくのが大変」という言葉が出てきたのです。ここにATMを置けばよろこんで使ってもらえることは目に見えています。

人里離れた山の中に手つかずの大きなマーケットが隠れていたのです。目標への「登り口」は一か所だけではない、探せばあるのです。

ニーズやウォンツに対応した活動はほかにもあります。例えば、社員対象の生活協同組合づくり、新規事業や遊休土地の活用、高齢者用の施設運営の支援など、企業によろこばれる数々の提案をして採用された結果、普銀転換した私たちの銀行にそれまでなかった新しい取引先が少しずつ増えていきました。

一見、遠まわりをしているように見えても、「傍を楽にする」を活動の軸足に置いた、こういう営業のスタイルもあるのです。

＊　＊

次章では、継続的に発展する企業を目指すマネジメントについて考えていきます。

伝えたい言葉・第3章

まずは城（会社）の中の様子を知ること。会社の情報をできるだけ集めましょう。

ウォンツを確認したら、後はそれを具現化して、わかりやすく見せることです。

提案づくりにはお客様も参加して、共同作品にすると強い絆ができます。

高くて厚い壁を破るには「役に立って、よろこんでもらえる」という大義名分が必要です。

お客様は信頼関係ができると「価格」ではなく、「価値」で動きます。

気がつきさえすれば、だれにでもできるような「コロンブスの卵」を、いち早く発見しましょう。

第4章

「三つ」の見えない資産

「百億円企業」と「百年企業」

会社は何のためにできたのだろうか。どんなにいいことでも、個人でやっていては早晩、寿命がくる。お客様がよろこんでくれる仕組みを世の中に広げて、将来につないでいくには、独りでやるよりも会社組織の方がいい。会社はひとつのシステムであり、社会に必要なインフラだ。それが百年も続くというのは、人のつくる立派な作品ではないか。

そう考えているうちに、私は「百億円企業」よりも「百年企業」に関心が向くようになりました。売上が百億円の会社をつくりあげるのは、それだけでもたいしたものです。起業家のひとつの目標であり、夢でしょう。しかし、百年も続く会社をつくるのはもっとすごいことだし、こちらの方が難しいのではないのか、と思うのです。

毎日、どこかで会社は潰れています。経営危機が表面化した途端、日本を代表するような大企業でもアッという間に転落していく。そういう例はたくさんあります。

当たり前のことですが、利益を上げ続けないと企業は生きていけません。きちんとした理念やビジョンがあって、それに基づいた社員の行動も必要になります。数々の激動の荒波を乗り切って、百歳も生き続けるのは大変なことです。

変化に挑戦し、対応する

日本の企業数は約四百二十万社。そのうち「百年企業」の数は、ある民間調査会社の統計によれば約三万三千社です。全体の一％にも達しません。

右肩上がりの高度成長期は、売上の伸びと一緒に会社は大きくなっていきました。しかし、一九九〇年の株価暴落の後、売上が増えれば利益も絶対に上がるという神話は崩れ去りました。

「売上に利益がついてこない」、「売上は大きくなったのに赤字になった」。日常の会話で耳にする話です。順調に進んでいると思っていたら、急に風向きが変わる。企業をとりまく環境は常に変化しているのです。

こういう例があります。先日、トラックのコストダウンのコンサル業をされている社長が訪ねてこられました。

なぜ、そういう事業を始めたのかというと、以前は企業からの文書をオートバイで配送する「バイク便」の会社を経営していて、オートバイを何百台も持つほど大成功していたそうです。ところが、インターネットが普及すると時代が急速に変わり、ペーパーレスの会社が増えてきて、それまでの文書便はメールに替わってしまった。アッという間にお客様はいなくなり、業績は急降下したというのです。確かに、街中で文書を運ぶオートバイを見ることはなくなりました。

そこで、この社長はオートバイを大量に保有していたときに悩んでいた車両の維持コストを軽減するノウハウを研究して、トラックのコストダウンを事業化したというのです。まさにピンチはチャンスです。世の中のニーズの変化とニュービジネスの関係を表す、ひとつの参考になるかと思います。

どんなに景気が悪くても利益を確保できるというのは、どんな変化にも対応する能力があるからです。「百年企業」は社長と社員が一丸となって変化に挑戦し、たくましい対応力を身に着けた集団だと思います。

「目に見えない資産」が重要

いまは低成長期の時代です。そのなかでも「百年企業」は利益を出し続けています。なぜ、そんなことができるのでしょうか。ここには企業のマネジメントを学ぶヒントがたくさんありそうです。

百年続くということは、百年経ってもお客様に支持されているということです。お客様はよく見ています。道端やお茶の間でこういう話が出始めたら要注意です。

「先代のころはよかった。いまの社長になったらダメになったね」

「あの店はもう行かなくていい。いつ行っても目新しいものが何もないから」

変えてはいけない経営の理念や社風は継承しながら、常に商品やシステムは変化に対応していく。そうしないとお客様に見放されてしまいます。

もう少し、具体的な話をしましょう。会社の経営状況を判断する材料にバランスシート（貸借対照表）があります。企業のある一定時点における現金預金や製品在庫、土地、建物などの資産、借入金や未払金などの負債、資本金など純資産の状態がわかるので、財政の実情を把握するのに必須のデータのひとつです。それらは「目に見える資産」です。これに対して数字化されていない「目に見えない資産」があります。それを持ち、増やしていくことが会社を存続させる重要な要素だと思います。

ナレッジ資産を把握する

「目に見えない資産」とは「ナレッジ資産」、「リレーション資産」、「ブランド資産」の三つです。百年企業はこの三つの資産を備えています。

ナレッジ資産とは人的資産のこと。単純にいえば「人財」です。人の持っているノウハウや技術を指します。例えば、定年退職で大量の社員がいなくなったとします。その穴を埋める新人が入社すると従業員の数に変化はありません。ところが人的資産量で計算すると大量のノウハウや技術が消失したことになる。おカネに換算すると何億円もの損失になりかねない。その分だけ会社の競争力は落ちてしまうのです。

M&Aで資産を計算する場合、このナレッジ資産は大きな意味を持ちます。ノウハウや技術を持っている従業員たちが退職したら、企業価値は大きく下がります。会社を永続していくためには、目に見えないナレッジ資産をしっかりとらえて、常に社員教育に力を入れたり、組織、制度変更を積極的に行ったりして、ナレッジ資産を増加する体制を継続していくことが重要なのです。

社員教育で資産を増やす

なかには人件費の削減を最優先して、即戦力の社員が辞めても「代わりはいくらでもいる」と平気なトップや幹部もいるようです。「見えない資産」のことは頭にないのでしょう。希望退職者を募集したら優秀な人材がごっそり辞めてしまい、取り返しのつかないダメージを受けたという例はよくあることです。

逆に社員を大切にして「あなたがいてくれるから、会社はやっていける。これからも頼むよ」と声をかけて、「社長は自分のことをわかってくれている。カネだけの問題じゃない。ここで力いっぱいがんばろう」とやる気を引き出すトップもいます。社員の能力が上がれば、それだけナレッジ資産は増えます。反対に会社の業務に通じた社員やお客様からの信頼の厚い社員が辞めると、その分の資産はなくなってしまう。

そうならないように人を育てておかないといけない。人材の育成は「百年企業」に欠かせない長期的な資産づくりです。このことは社員だけに限りません。お客様からすれば、アルバイトの人も同じ会社の関係者です。

子ども人口の減少社会にもかかわらず、創業以来十六年、増収を続けている学習塾の事例を紹介しましょう。

その学習塾を運営しているある会社の社員数は五百人、学生のアルバイト講師はその十倍の常時五千人という陣容です。事業はこのアルバイトの質にかかっています。そこで教育研修だけではなく、授業審査による検定制度や人事考課制度も導入し、社員と同じ目線で人材育成を図っています。

学生は卒業すると講師を辞めてしまいます。会社の戦力を維持するためにも、学生アルバイトの確保と教育は最優先事項なのです。

このようにアルバイトやパート、非正規社員の人たちも大切に育てていけば、会社を盛り上げる資産になります。ナレッジ資産はモノではありません。感情を持っている「人」なのです。

「客財」はリレーション資産

リレーション資産とは企業に関係している人や組織のことです。お客様、仕入先、株主、地域社会などのいわゆるステークホルダーがそれで、私はまとめて「客財」と意訳しています。

問題は、会社のトップがリレーション資産をきっちり把握しているかです。

商売でいえば、お客様と売上の関係でリレーション資産の変化を知ることができます。単純にいえば、お客様が増えながら売上が伸びているのなら、リレーション資産は大きくなっている。同じように売上が伸びていても、お客様が減っていたら、リレーション資産は小さくなっています。

さらに注意深く見ると、お客様が増加傾向にある場合でも、それは一回限りのお客様なのか、新しいお客様がリピート客になっているかで、リレーション資産は休みなく変わり続けます。お客様の数の動きは会社の将来を左右するのです。利益をもたらしているのは「客財」という見えない資産があるからです。

「百年企業」はこの「客財」を大切にしています。毎日の売上ばかりに目を光らせているうちに、肝心のお客様や取引先の扱いがぞんざいになって心が離れてしまったら、会社の命取りになりかねません。

クレームにはすぐ対応する。取引先への支払いは約束した期限を守るなど、リレーション資産を高めるには、会社と関係のある人たちを大切にする行動が欠かせません。人脈づくりの心構えや農耕型の営業と同じです。

仕入先もリレーション資産

お客様を大切にするのはもちろん、仕入先も大事なパートナーです。無意識のうちに「こちらが客だ。買ってやっている」という態度がちらちらと出てきて、「仕入先のお陰で、自分がある」という意識が薄れると注意信号です。

相手はちゃんと見ています。日ごろからの付き合いを大事にしていないと、「あそこは品物の値打ちがわからん。いちばんいいものは他に持って行く」となっても不思議ではありません。また販売先がひとつに集中すると、もし、そことの取り引きがなくなったらどうなるかということも、当然、仕入先は考えるものです。

つい忘れがちになりそうですが、仕入先も重要な「客財」なのです。お互いが相手の存在に感謝し、長く取り引きすることに心配のない信頼関係ができて、仕入先は企業を支えるリレーション資産になります。

利益を地域のために使う

地域社会との関係も重要です。ビジネスに直接、関係はなくても、地域の人たちと良好な関係を築いていれば、何かのときには応援団になってくれるし、将来のお客様にもなります。そういった関係も「リレーション資産」です。

ある業界のトップ企業の経営理念は「強い会社というのは利益を出す会社。良い会社は利益を地域のために使う会社」です。創業者の精神をいまの五代目社長も受け継いでいます。

そのことを象徴しているのが、二十年ほど前に開設した「網の目コミュニケーション室」です。文字通り、網の目のように地域とのコミュニケーションを図るための組織をつくっているのです。

地域の文化活動やスポーツ振興はもちろんのこと、イベントへの参加や河川の清掃活動など社員たちの地域貢献活動も積極的に支援しています。例えば、ＰＴＡの活動で勤務時間に会社を抜け出すときでも出勤扱いです。そのうえ地域ボランティア手当てとして五千円が支給されます。柔道のコーチをしている社員はその日の残業は免除といった具合です。

こうした地域社会との関わりは毎月十数回もいろんなメディアで報道されて、この会社は全国に名の通った有名企業になっています。

ブランド資産はお客様が決める

ブランド戦略といえば、商品などのモノに付加する代表的な差別化戦略ですが、企業でいうブランド資産とは社会的な信頼性のことです。ブランド品は手で触ることができますが、ブランド資産は見えません。

真面目につくりあげてきた伝統の重みを象徴する「のれん」のイメージで、無形の経済的な価値を示します。企業でいえば、会社の名前だけで信用してもらえるということです。おカネには換算できない価値がある、これも有力な資産です。

お客様や仕入れ先からも好感を持たれ、法令違反などとは無縁で、後ろ暗いところはどこにもない。社員たちも感じがいい。そういう会社は世の中から信頼されます。それもブランド資産なのです。

また「あの会社は仕事が早い」、「あそこが扱う商品は間違いがない」というのも大きなブランドです。会社の規模の大小は関係ありません。

逆に、不祥事を起こすと、アッという間に消えてしまうのもブランド資産です。コンプライアンスに違反しなくても、お客様の支持を得られない商品をつくり続けているだけでも、ブランド資産は急速に失われます。こつこつと努力を積み上げてこそ、価値のある資産に育ちます。それでも「信頼できる会社」という評価を決めるのは自分たちではなく、いつの時代もお客様です。

百年企業には百年かけてつくり続けているブランド資産があります。それとは別に短期間でブランドをつくる方法にも触れておきましょう。

小企業であっても、広告宣伝をしなくても、だれでも知っているブランド力のある企業と連携することで、社会的な信用力は増します。それが自社のブランドにもなる。自力で時間をかけてつくるよりもはるかにスピードが速いし、営業面でも有効に使えます。

イタリアの「百年企業」を訪ねる

百年企業があるのは日本だけではありません。海外の事情はどうでしょうか。

私が注目しているのはイタリアです。輸出金額の七五%を中小企業が占めている。大企業ではなく、中小企業が世界を相手に商品を売っているのです。

もちろん日本の中小企業も輸出していますが、製品のほとんどは大企業のブランドで出ています。これとは対照的に、イタリアは自社ブランドの商品を世界中に輸出しているのです。

十年ほど前、ミラノで百年以上続いて、海外もマーケットにしている元気な中小企業七社を視察するツアーに参加しました。イタリアには職人たちが密集している街があって、いずれも零細中小の企業です。

どうして、そんな小さな会社が世界中にお客様を持っているのか、そのノウハウを製造から輸出までの工程をたどりながら誌上で視察しましょう。

バッグを製造販売しているある企業の店舗には五百万円、一千万円クラスの自社ブランド商品が並んでいます。腕利きの職人による手作りの最高級品で、素材から加工まで徹底的にこだわり、手間も時間もかかるため、ごく少量しか生産できません。知る人ぞ知るあこがれのブランドです。お金持ちをターゲットにした世界にひとつの商品なので、価格は飛び抜けて高価ですが、注文から二年待ちということも珍しくありません。

それでも資金繰りに困ることはないとか。理由は、これらの希少品とは別に有名ブランド企業から大量の注文を受けて、ＯＥＭ生産しているのです。当然、それらのＯＥＭ製品もこの企業の職人の技が凝縮した商品です。こうして長い歳月をかけて育ててきた自社のブランドをしっかり守り続けているのです。

また自社だけではとても生産できない場合は、同じ技術レベルを持っている他社に生産を委託しているケースもあります。小さな企業がアライアンスして連合軍を組んでいるのです。

これなら新しい工場を建てることも、職人を増やす必要もありません。安定生産も可能なので、注文が途切れる心配もない。売上の回収もブランド力のある企業と組んでいるので安心です。

アライアンスの組み合わせは多様で、デザインだけして製造は他社というケースもあります。いずれも自社の得意技を持っていることが強みです。

営業部隊が世界各地で活動

次に輸出の仕組みを見ましょう。ミラノの人口は約百二十五万人、イタリアの人口は約六千万人。日本の半分の市場です。生産した商品はイタリア国内だけではすべてを消化できないので、海外で売るしかありません。

その先兵になっているがミラノ商工会議所の関連組織です。世界の主要都市に展開している拠点を通じて、ミラノでひんぱんに開催されている見本市に有名百貨店や専門店などのバイヤーを呼び込んでいます。いわばミラノの中小企業全体を支援する専属の営業部隊です。

イタリアの中小企業の輸出を支えている仕組みは、先述したように生産もアライアンス、営業もアライアンスで、すべて自前主義の経営でのはありません。付け加えておくと、ミラノのマルペンサ国際空港の年間利用客は約一千万人、うち八〇%がビジネス客と予想されています。商工会議所は世界中からビジネス客を集めて、ミラノからイタリア各都市へと足を伸ばす観光産業にも貢献しています。このあたりの発想と行動力は日本も参考になると思います。

各地の工場をひとつのブランドに

世の中は狭いなぁ、本当にそう思います。九州の地方都市でアライアンス型の経営を実践している会社のトップが訪ねてきたのです。知人の紹介でした。人脈はどこから芽を出すのか見当もつきません。

この社長は若いときイタリアの世界的なブランド企業の店舗で働いていたそうです。そこでわかったのは、販売している靴やバッグなどが小さな工場の職人たちの手でつくられていることでした。なんだ、そうだったのか、これなら技術も工場も持たない自分だってやれる、と思ったそうです。

帰国するとアパレルの「匠の技」を持っている工場を訪ね歩いたとか。全国各地の五百社をまわり、「一緒に、世界に誇る日本のモノづくりの技を集めた共同販売の仕組みを立ち上げませんか」との思いを伝えて、同志を募ったのです。

それらの工場の製品はマニアの間では知られています。ただ販路は個別の提携販売とか、特定の百貨店といったルートで、一般の目に触れる機会は限られていました。

一つひとつの工場に提案の行脚を重ねて、その中から三十社ほどを選んで始めたのが以下の仕組みです。

それぞれの工場をひとつにまとめた新しいブランドをつくる。コンセプトは「世界に誇る日本の工場」とする。参加工場はいままで通りに自社の得意な製品を生産して、この新ブランドで販売する。販売の手法は、そのブランドショップのホームページを開設して、世界に通信販売するというもの。

これによって、それまでバラバラだった各地の工場はひとつのブランドになり、パワーと情報発信力は飛躍的に高まりました。販路もこれまでの枠を超えて、全国から世界へと広がったのです。

アライアンスの効果は工場の経営にも貢献しています。直売システムによって、利益率がアップしたほか、インターネットでの販売価格は百貨店のそれよりも下がって、消費者にも歓迎され、売上も伸びています。

社長にしかできないこと

「百年企業」に求められる経営トップの役割とは何でしょうか。はっきりしているのは百年の間に社長は普通でも四人か、五人は変わるということ。まだ先の話だ、まだまだ体力も気力もある。そう思っているうちに、時間はどんどん過ぎて、後継問題に悩んでおられるトップはたくさんいます。

社長のいちばんの重要課題は次のランナーを育てることです。トップの地位に立つまでに経験してもらいたいこと、身に着けてほしい知識や知恵は山のようにあります。それがどんなに重要なことか、当の社長自身がいちばんよくわかっているでしょう。

もうひとつは「人に関心のある社長であれ」ということです。今後、急速に人工知能（ＡＩ）が発達して、ロボットがいろんな職場で人に置き換わる時代がやってきます。囲碁や将棋でもＡＩが名人に勝利したように、ロボットが人の能力を超えて活躍する場面が出てきます。

ただ、どのように環境が変化しようとも、経営のいちばんの中心は人材です。常に社員の心を考えてコミュニケーションを図ったり、能力開発の教育をする、そういう「人に関心のある社長」を育てることが、社長の大きな務めです。

あらゆる事態を想定して、いまから次のリーダーを育てておかないとバトンをつなぐのは難しいということです。

「係長になったら、課長のつもりで仕事をしろ。課長になったら、部長になったと思って仕事をしろ」とよくいわれます。しかし、社長の責任の重さは比較になりません。

優良企業といわれる会社のトップは、一日の仕事のうちの八割は社内や社外の人に会っています。人に会うのが社長の仕事です。その目的や意味は何度も指摘してきた通りです。

「未来予算」をつくる

百年先を考えると「未来予算」という新しい投資の概念が浮かびます。製薬会社や自動車会社などのメーカーは莫大な研究開発費を投資しています。その研究が実を結ぶのは五年、十年先です。

これに対してサービス業はそのような長期的な予算化がほとんどできていません。モノはつくらないにしても、「人脈力」や「よろこばれる提案営業」などを育てて、継承していくことの重要さはあらためて繰り返すまでもないでしょう。

提案営業をするにも、お客様のニーズやウォンツを聞き出して、それを形にできる人材がいなければ実行できません。それらは目に見えないナレッジ資産です。だからサービス業こそ、「目に見えない資産」を育てる「未来予算」を計画に組み込んでおくことが大事なのです。

いちばん大切なのは「見えない資産」を増やし続けることです。どんなことがあっても、人材育成だけは止めない、あるいは地域貢献だけは継続する、そういう「未来予算」をバランスシートの中に入れてほしいと思います。

経営が苦しくなるとすぐ人材の教育費をカットするのではなく、「未来予算」で対応するのです。そうすることで貴重な人材の流失も防げるし、社員のモチベーションも上がるでしょう。これは企業のトップが社員に対して「傍を楽にする」ことにほかなりません。

「傍楽」とは未来に花を咲かせるためのタネ撒きでもあるのです。これまで述べてきた人脈づくり、よろこばれる提案、アライアンス、ナレッジ資産、リレーション資産、ブランド資産はすべて「人」につながっています。

人への投資を予算化して、育てていく道の先に「百年企業」はあるのです。

伝えたい言葉・第4章

どんなに景気が悪くても利益を確保している企業は、変えてはいけない経営の理念や社風を継承しながら、商品やシステムは変化に対応していく能力があります。

バランスシートに載っていない「目に見えない資産」を大切にする。それは「ナレッジ資産」、「リレーション資産」、「ブランド資産」の三つです。

人工知能（AI）が発達すればするほど「人に関心のある社長」が求められます。

「見えない資産」を育てる「未来予算」を計画化しましょう。

第5章

「傍楽」から楽しい

人脈はすごい資産になる

お陰様で、いまでも私のオフィスには全国各地から一年間に延べ千人ぐらいのお客様がお見えになります。そのうち三割ほどは初めての方で、年齢も業種もさまざまです。人に会い続けていれば年齢は関係なくいろんな可能性が生まれます。そのことをわかっていただくために、川邊事務所のことにも触れておきましょう。

一般的にサラリーマンは定年退職したら、それまでの会社のブランドはぜんぶ過去のものです。当然、退職した瞬間からこれまでお世話になったり、相談に見えた方々とも仕事の名目でお会いすることがなくなります。訪ねてくる方も、行くところも少なくなります。

私も同じように定年後の設計図があったわけではありません。ただ現役のころにいただいたせっかくのご縁が続けばいいなという気持ちはありました。それにはとりあえず拠点がいるなという考えから開いたのが個人事務所でした。

いつの間にか十五年経ちましたが、私自身もここまでやってこれた理由がよくわからないというのが正直なところです。

思い当たることは、それまでご縁のあった方々の人脈をベースに、いろんな人に出会って、その人たちがまた新しい人を呼んできてくれた。それしかありません。いまもご縁に支えられているのです。人脈とはすごい資産だなと実感しています。本当にありがたいことです。

経営の役立ちマッチング・オフィス

川邉事務所は「経営コンサル」と思っておられる人が多いようです。しかし、そうではありません。

一般的にコンサルは現状を分析し、課題を見つけて、対策の処方箋を提示します。しかし、私にはそういった専門的な知識はありません。ただ、お客様のニーズやウォンツに応えるノウハウを持った会社とつなぐことはできるかもしれないと思いました。

職業柄、いろんな分野のご相談が多かったので、このテーマはあの会社が得意だな、という人脈のデータはある。それらを活用して、お互いがウィンウィンの関係になるマッチングの仲人をしているのが、川邊事務所の特徴でしょうか。名前を付けるとすれば「経営の役立ちマッチング・オフィス」のようなものです。

こうして企業と企業を結びつけることで最終的にお客様のウォンツを実現し、よろこんでもらえる結果を残すことが、私たちの願いです。

基本にあるのは、繰り返し述べてきた「傍を楽にする」という考えです。その楽しさをもっと体験したくて、事務所を開いたんだなということが、いまごろになって実感としてわかってきました。

革新的なコストダウンを

事務所を開いた当初、ご縁のある皆さんによろこんでもらえるのは何だろうと考えて、気がついたのが固定費のコストダウンでした。固定費はどんな企業にも共通してある。コストダウンはすぐに結果が見えて、利益が出てくる。これならご縁のある人だけではなく、新しく出会う人たちにもよろこんでもらえる、そう考えたのです。

といっても、私にはコストダウンに関して、自ら新しいシステムを次々に開発する能力はない。そこで、お客様のニーズやウォンツに応える得意技を持っている企業とアライアンスするしかないと決めていました。自前で専門知識を身につけようとしても変化のスピードが速いので、すぐ時代遅れになります。

そのころ企業は売上アップの関心が高く、コストダウンの意識はまだ低い状況でした。また簡単には導入できない事情もありました。ひと言でいえば、変化に対する抵抗があるのです。

新しいコストダウンのシステムを採用する場合、いままで使い慣れたシステムを止めて、使ったことのないものに切り替えることになります。体の中に異物が入るようなもので、どうしても抵抗感が出てきます。コストダウンの効果が三%や五%程度では慣れた方が安心ということで、システムを替える気になってもらえません。ここが導入の障壁になっていました。

そこで新しい技術やシステムに対するお客様の不安やリスクをできる限り除去した上で、最低でも一五％以上の効果を実現する革新的なコストダウンの提案に絞り込みました。単なる節約の提案ではありません。

成功報酬型のビジネスモデル

コストダウンのシステムをできるだけワンストップで提供できるように、私たちはそれぞれの分野で得意技を持っている会社との連携を活発にやってきました。

お客様にはやってみなければわからない、もっといいシステムがあるかもしれないという不安があります。

そういう心配をなくすために、コストダウンのシステムを持ってきた会社にお話したのは、まずお客様に試してもらう、その結果、満足する効果がなかったら、報酬はいただきませんという「成功報酬型」のビジネスモデルを組み立てる、ということです。そうでなければ紹介できませんよ、という事前了解もとりつけています。

ここで成功報酬型のビジネスを全国展開している会社をひとつ紹介しておきましょう。この会社はさまざまな商品やシステムを提供するサプライヤー一万社以上と提携して、コストダウンの仕組みを提案しています。

例えば、顧客が店舗で使用する玄関マットのコストダウンをしたいという場合、面倒なサイズや色などの仕様書を作ってくれます。それを顧客の所在地のエリアをカバーしている十社から二十社ほどの提携先企業に送って、幅広い見積もり先のなかで最低価格を提示したところを紹介するのです。

顧客は購入を決定する前に、見積もりで価格を確認できます。さらに仕様書の作成を含む提案支援の料金も含めて、支払いはコストダウンの結果が出てからという成功報酬型のビジネスです。実際に玄関マットだけで年間五千万円ぐらいをコストダウンした量販店もあります。

私たちは「モノ売り」よりも、役に立つ仕組みという「コト」を提案したいと願っています。

あくまでもお客様の要望に応える「役立ち情報」を提案する立場なのです。

コストダウンをワンストップで

現在、私たちと提携しているコストダウンの提供企業は約八十社を数え、そのメニューは数百種類もあります。電気代、水道代から家賃など固定費のほとんどの領域をカバーできるようになっています。固定費コストダウンのワンストップ・ソリューションのようなものです。

これらのすべてが企業に新しい利益をもたらします。年間に一千万円のコストダウンが実現すると、一千万円の利益を得たことと同じです。売上に換算するとその何十倍にもなります。

最近、提案しているのは定期的な経費削減の総点検です。これを「経費ドック」というパッケージで紹介しています。「経費ドック」は「人間ドック」と同じ発想で、経費の面から企業の病気を診断するもの。固定費を総点検することで、肥満体からスリムな筋肉質へと体質を改善する診断サービスです。

事業のはじまりはコストダウンでしたが、現在では人材確保やＩＴ活用、新規事業のご相談など、少しずつ分野が広がりはじめました。

川邊会に集まる社長たち

ひとりで人脈をつくるのは大変です。私は人と人が本音で話せる出会いの場があったらよろこばれるだろうな、という思いがありました。ここにきたら、いい人に会える、そういう人脈づくりが続くシステムとして生まれたのが川邊会です。

同会ができたのは九年前。四人で始まった出会いの場には、いまは四十代から七十代まで五十人以上の社長が参加するようになりました。

地元はもとより全国各地、さらに中国からもやってきます。上場している企業、これから上場する企業、ベンチャーなど会社の社歴、売上規模、業種もバラバラですが、「人の役に立つことをしたい、いいものを世の中に広めたい、そのための挑戦や変化することに抵抗がない」という「傍楽」の志を持つ人たちが集まっています。

会員を社長に限ったのには理由がありました。社長という立場にある人は共通した意識や責任感を持っているので、社長同志だと話が弾むのです。しかも、メンバーは創業者やオーナー的な会社の後継社長たちばかり。皆さん、それなりに苦労をしているし、それぞれに将来への夢や不安を抱えているので、いろいろ出てくる話題に対する感度も高いです。

例会は和室の畳の部屋で車座になって、あちらこちらに人の輪ができるスタイル。新規事業や悩みごとの相談、社長としての心得など本音のやりとりに膝を乗り出す姿を見ていると、やっぱり人は人のつながりのなかで、お互いに刺激を受け合いながら新しい発見をするものだと思います。

ここでは経営の本から引用した知識や机上の論は話題にもなりません。トップ同志の会話の中からヒントや耳寄りな情報を得たり、元気をもらったりすることがいちばんのご馳走になっています。

業種もいろいろなので、話している方は常識でも、聞く方はヒントがいっぱいで、経営の参考になった、ということが多いのです。

人は出会うと化学反応が起きる

尊敬する人に出会うことは非常に幸せなことと思います。ああなりたいという先輩を追いかけるようにして、人は自分から育っていく努力をするのではないでしょうか。人と人が出会うと化学反応が起きる、火花が散るのです。私の役目は人脈が育つ畑を用意して、人というタネを撒いて、人脈の芽が出るところまでです。

「土壌を耕しながら、花を咲かせるのはあなたたちです」

会員の皆さんにはそう声をかけています。

川邊会は手づくりの小さな「同志の集まり」かもしれません。一般的に人脈は個人の資産ですが、お互いの人脈を共有すると、もっと大きな人脈インフラになります。そこにはいろんな木が繁り、花が咲き、実をつけていくことでしょう。どんな作品が生まれるのか、この先が楽しみです。

伝えたい言葉・第5章

人に会い続けていれば、年齢に関係なくいろんな可能性が生まれます。ご縁のあった方々の人脈がベースになる。人脈はすごい資産になります。

自分には専門的な知識やノウハウがないので、得意技を持っている企業とアライアンスして、お客様のニーズやウォンツに応えるのです。

お客様が満足する効果がなかったら、おカネはいただきませんという「成功報酬型」のビジネスをしています。

人と人が出会うと化学反応が起きる、火花が散るのです。

お互いの人脈を共有すると、もっと大きな「人脈インフラ」になります。

第6章

【座談会】

百年企業を目指して

「会社」は「個人」と違って生命に限りがありません。会社は自分の夢を託した組織体がいつまでも生き続けてほしいという人々の願いから生まれたのかもしれません。企業はひとつの生命体です。そこは生き残りをかけた人間ドラマの舞台です。

そこで川邊会のメンバーである株式会社カンサイホールディングスの忍田勉社長、トラストホールディングス株式会社の渡邉靖司社長、株式会社SCホールディングスの吉田知明社長にお集りいただき、「百年企業を目指して」というテーマで語り合ってもらいました。（司会 川邊　康晴）

自社にしかない「強み」を持つ

川邊　まず、それぞれの会社の紹介と強みを教えてください。

忍田　当社の原点は電気工事の材料卸です。一九四八年に父親の先代が創業して、一九五四年に関西電業株式会社を設立しました。二〇〇二年、私が二代目を継いだときにCIを行い、株式会社カンサイに変更しました。

理由は、電気工事の材料だけではなく、建物に関する設備機器はすべてワンストップサービスで提供できることをアピールするためです。また二〇一四年の創業六十周年を機に、グループ六社を束ねた持ち株会社のカンサイホールディングスを設立して、サービスの強化とコスト削減を実現しています。

忍田　勉氏　株式会社カンサイホールディングス社長。69歳。事業内容/電設資材、住宅設備機器、省エネシステム商品の総合卸売業。売上高370億7,000万円（2017年1月現在）

川邊　御社の強みは特定メーカーの専売店ではなく、あらゆるメーカーから仕入れられているので、お客様にとってほしいものは何でも手に入るということですね。

忍田　はい。当社は小さな会社なので同業者の組合である九州電設資材卸業協同組合の活動にも力を入れています。私は理事長を務めていますが、メーカーのような大企業に対して発言力を持つには、このようなまとまった形になって強みをつくることも大切だと考えています。

資金不足から生まれた発想

川邉　それではトラストホールディングスの渡邉さん、どうぞ。

渡邉　一九九三年、駐車場事業と不動産事業を取り扱う企業として創業しました。売上的には不動産の方がよかったのですが、五年が経過したところでトータルに分析すると、不動産は上がったり下がったりで売上の変動幅が大きく、駐車場は薄利ながらも着実に右肩上がりだったので、駐車場事業に専念することにしました。

百年企業をめざすという考えにもつながるのですが、二〇〇六年に福岡証券取引所のQ-Boardに上場して、二〇一二年に東京証券取引所のマザーズに上場しました。

渡邉　靖司氏　トラストホールディングス株式会社社長。58歳。事業内容／駐車場事業、不動産事業、ウォーター事業、メディカルサービス事業ほか。売上高140億2,800万円（2017年1月現在）

川邉　駐車場管理などのサービス業に力を入れら

れましたよね。

渡邉　資金不足でしたから。まずは土地を借りて人によるサービスでスタートしました。当時はまだ駐車場管理を専門にする企業はなかったのです。コインパーキングの機械も買えなかったので、運転技術の優れた人材を雇って、同じ敷地でもとにかくたくさん詰め込むという手法です。資金不足から出てくるアイデアを強みにしたという感じでした。

学生講師がいないエリアもカバー

川邉　では、SCホールディングスの吉田社長、お願いします。

吉田　私どもは小学生から高校生を対象に個別指導の学習塾を運営しています。二〇〇一年に創業し、その後、内装や建設を行う会社もグループ会社に加わりましたが、メインは教育事業です。全国に約四百の教室を直営で運営しています。

当社の強みは、集団指導ではなく個別指導であること、そして、そのために必要な

吉田　知明氏　株式会社 SC ホールディングス社長。44 歳。事業内容 / 個別指導塾運営、家庭教師派遣、店舗・オフィスの内装・建設、システム開発ほか。売上高 73 億円（2017 年 4 月現在）

質の高い講師を大量に確保できていることです。また建設業や内装業を内製化しているので、塾を建設する際にはコストだけでなく、スピードでも他社より有利に働いていると思います。

忍田　質の高い講師を確保するには、何か秘訣があるんですか。

吉田　例えば、大学の周辺に教室をつくる場合はカフェを併設しています。当社の登録講師になれば飲み物やコピーが無料で利用できるのです。この特典を付けることで学生がカフェに集まって、登録講師の確保につながっています。

渡邉　学生が駅前の無料カフェに友だちを誘うというわけですか。

吉田　はい。その講師たちをバスやワゴン車に乗せて、遠く離れた地域の各教室に送迎します。そうすることで難関大学に通っている学生講師がいないエリアもカバーできて、質の高いレベルで教室を運営することができます。

忍田　学生講師の人数はどれぐらいいるの。

吉田　アルバイト講師の登録は累計十万人を超えています。それでもまだ拡大する余地はあると思っています。

売上の波がないように

川邊　一流といわれる大学の学生十万人とつながっているのはすごいことですね。皆さんそうですが、お客様や取引先の数が非常に多い。そのことも百年企業に関係すると思います。忍田社長のところはすでに創業六十二年になりますね。

忍田　私は二代目で、社長になって十五年ですから、百年なんておこがましくて。

川邊　つなぐのもむずかしいですよ。百年続くには何人も社長が必要ですから。

忍田　やはり基盤は電気工事です。地域密着を徹底して、売上の波がないようにしています。顧客数は約三千社ですが、大企業は全体の三～四%で、ほとんどは中小企業です。その方が売上の波が小さくて、安定感があります。その仕組みをしっかりつくっておけば世代交代を迎えても大きく揺らぐことはないと思います。

川邊　確かに顧客の数が多いと安定感がありますね。

忍田　ただ仕組みは継続しても中身は変えていくところはあります。いまは単なる販売業でなく、お客さまのニーズに合わせて提案型の営業をしていかなければいけない時代です。現状維持では必ず業績は下がっていきます。常に新しい提案を次々と仕掛けていかなければいけません。しかも、どれが成功するかはわからないので、いろんなことに挑戦しています。

渡邉　忍田さんが二代目を継がれてから、売上はずっと右肩上がりなのがすごいです。

忍田　私が経営を引き継いだとき、グループ全体の売上は百億円前後でしたが、現在は三百五十億円になっています。まわりから見るとＭ＆Ａばかりしているように思われているようですが、たまたま経営を頼まれたので、そのまま引き継いだというのが実情です。

吉田　そのグループ会社の経営も忍田さんがされているのですか。

自分たちで稼ぐ仕組みをつくる

忍田　カンサイホールディングスからは一人も社長を出していません。各グループ会社から社長を立てて、いっさいの権限を与えています。自分たちで稼ぐ仕組みを組織でつくることが前提ですね。そこをさらに深掘りしていければ、少しは安定した会社になるのではないかと思っています。

川邊　権限移譲はやさしいようで、なかなか難しいんじゃないですか。

忍田　いえいえ、自分が少しでも楽になれるように。（笑）給料も各社バラバラです。儲かったところは社員に還元すればいいし、儲からなかったところは給料が減っても仕方がない。でも、これを実践すると、社長になった人材は見違えるほど成長して、社長らしい貫禄が出てきます。

川邊　自分がその立場にならないと分からないことがたくさんありますからね。川邊会のたったひとつの条件である「社長であること」も同じ理由です。会社の規模の大小ではなく、社長の責任を知っている者同士が集うことに意義があるんです。

忍田　私も社長の前は副社長でしたが、「副社長と社長は、新入社員と社長ほど違う」とさんざんいわれました。それはいい過ぎだろうと思っていましたが、実際、本当に違いましたね。（笑）

上場まで見向きもされなかった

川邊　渡邊さんは先ほど上場したのは、百年企業を目指すという考えにもつながるとおっしゃいましたよね。そのお話を聞かせてください。

渡邊　私が会社を興した当初は駐車場の企業など見向きもされず、七〜八年は中途採用者の雇用が続きました。初めて大学の新規卒業者の雇用が六名決まったときはうれしかったですね。たくさんの企業の中からわが社を選んでもらったよろこびと同時に、責任の重さを痛感しました。

そして、それまでの基盤を一緒につくってきたスタッフとともに、この先二十年、三十年と続く企業にしなければという思いが強くなりました。会社の使命はいろいろありますが、まずは潰さないことと成長させていくこと、この二つが大事で、そのための結論が上場することでした。

川邊　実現は早かったですよね。

渡邉　六〜七年でQ-Boardに上場しました。上場した理由は、監査法人が入るので個人の自由度が低くなることと、本当にふさわしい人を次期社長に選ぶときに、外部からも招きやすいからです。ただ実際に上場すると、百年よりもずっと続かなければいけません。そのために『ビジョナリーカンパニー』という本を使って新人研修や勉強会を行っています。

川邊　珍しいですよね。『ビジョナリーカンパニー』を基に教育されるのは。講師は外部からですか。

渡邉　いいえ。トラストホールディングスの社長が講師です。ときには教育会社の人にきてもらうこともありますが。二年を経過して、スタッフにも変化が出てきています。あと十年も経つと大きな変化になると思います。

目の前のことを一生懸命にやる

川邊　吉田社長はどうされていますか。

吉田　二〇〇一年に起業したので、経営者として十六年しか経っていません。どうしたら百年続くかなんて恐れ多いです。ようやく教室が四百を超えたところですから、いまはいかにいい塾をつくるかしか考えられません。

川邊　そうでしょうね。

吉田　いい塾をつくるためには、いい社員といい講師を雇って、質の高い指導内容でご満足いただくことだけです。これが二十年くらい経つと、経営者としてようやく先のことが少し分かるようになってくるのでしょうか。いまはとにかく目の前の仕事に一生懸命取り組むだけです。

川邊　もうひとつの事業の建設業や内装業の内製化は計画的にされたのですか。

吉田　新しい塾を建てる際、どうやってコストを抑えるかを考えたとき、当時発注していた内装会社の責任者が会社を辞められるタイミングだったので、ぜひ、うちで建設部隊をやってほしいとお願いしました。ところが、そうすると建設業免許が必要で、困り果てて川邊会長にご相談したら大祥建設株式会社をご紹介いただきました。システム会社も同様です。当時取引していたシステム会社がリーマンショックで潰れてしまうと困るので、そこの技術者に入社していただいて開発を継続し、システムを内製化することにしました。

人との出会いが大きい

川邊　最初から壮大なる百年プランを見据えて、具体論や長期計画を立てる会社もあるけれど、いろんな挑戦をしている間に自然に選択しながら拡大していく方法もありますよね。

忍田　人との出会いが大きいですよね。私は本当にいい方々との出会いでここまで

成長できています。川邊会長をはじめ、川邊会をきっかけに渡邉さんや吉田君とも知り合いになっていろんな話を聞いて、自分の知恵にもなって、いろんなアイデアが出てきて。すべてがつながって、いまここにいるんだと思います。

川邊　私もつくづくそう思いますね。銀行を辞めたとき、自分には何もないことに気づきました。商品もスキルもノウハウもない。あるのはだれを知っているか、それしかない。私はそのことをノウフー（know who）といっています。

しかも、ご縁は手入れをしないと五、六年で消えます。社長さんが交代されるとまたゼロになる。次々とタネを植えておかないとノウフーも続きません。

渡邉　川邊会長とお会いしたのは会社を興して三年目くらいでした。駐車場の管理運営に自信はありましたが、うちは小さい会社ですし、大企業に土地を貸してくださいといっても、まったく相手にされない。そのときに川邊会長から西鉄様を紹介していただいたんです。そこでご評価をいただいたものですから、当社は取引先に西鉄様がいるというのがブランドになって、そこからは次の展開が非常にやりやすかった。本当に川邊会長のお陰です。

人脈を活用してもらう

川邊　いえいえ。人脈を活用してもらえばいいわけですから。十年前、吉田さんから「福岡の企業の社長さんと縁ができる方法はないですか」と聞かれたことがありました。その理由は「大学を卒業して東京などに就職した人たちから、Uターンするときの就職について相談される」というのです。

そこで福岡経済同友会と福岡西ロータリークラブに吉田さんを推薦しました。「十年経ったら人脈が自然に増えるよ」といったんだけど、福岡どころじゃない、北海道まで教室ができている。人脈の広がりは全国区になっていましたね。（笑）

それでは「人」というキーワードが出てきたところで、社内の人材教育に関する具体的な取り組みを聞かせてください。

忍田　社員教育にはかなり力を入れているつもりです。中間管理職研修は一年間かけて行いますし、それを永続的に維持しています。

またメーカーにお願いして技術研修も行っています。我々はどうしても工事会社さんの技術的な現場のノウハウが身に付きにくいので、メーカーの専門職の方にきていただいて、商品別に五つのコースの研修を一年かけて行います。そして社内試験に合格すれば一コースにつき三千円の資格手当を支給しています。すべて取得すれば一万五千円のアップになります。

川邉　それはいいですね。

お客様の後継者の育成も

忍田　社員だけではなく、社外のお客様の後継者育成も約十年続けています。工事屋さんの二代目、三代目の後継者スクールです。業界全体の将来を考えると、やはり社内だけでは限界があって、取引先の工事屋さんにもきちんと育ってもらわないといけないので。

川邊　お客様の人材教育までするのは珍しいですね。

忍田　昔は、電気屋さんは現場に出て、腕さえよければやっていけたんですが、いまはそうはいきません。コミュニケーション能力があって、経営ができないといけない。その講習会を年六回、質の高い講師をお呼びするために講習料は十万円いただいています。

これも十年続けていると卒業生は百人を超えて、毎年の忘年会は彼らの交流大会になっています。当然ライバル同士でもあるんですが、仕事の人脈を増やすことの大切さを実感されて、あとから感謝されることもあります。こうした取り組みも長いスパンで見れば百年企業をめざすひとつの方法です。

川邊　会社が長く続くための布石というわけですね。

忍田　カンサイのファンづくりの一環です。最初はうまくいきませんでした。工事屋さんは二代目を教育するという概念がなくて、そんな時間があるなら現場に行かせるという声が多かったです。でも、業界全体のレベルアップを図らないと困るのはみな同じですから。人数はそんなに集まらなくても続けることが大事だと思っています。

会社の一体感をつくりだす

渡邉　人づくりとは管理する必要のない人材を育てることだと考えています。ビジョナリーカンパニーでも出てきますがＰＤＣＡ（Plan・Do・Check・Action）ができる人、つまり人材とは自分で考えて動くことができる人です。大川市の関家具の関文彦社長は、日次決算を実行して、一九九八年の創業以来、赤字経営がないとおっしゃっていました。ＰＤＣＡの理想形だと思います。私も何か始めないといけないという気持ちで、ずっと勉強会を続けています。

川邉　渡邉さんの会社は社員参加型のユニークな社内報をずっと出されているし、どんなに大変なときでも「トラストキャンプ」を続けていらっしゃいますよね。

渡邉　社内報のトラスト通信は、駐車場のスタッフはほぼアルバイトで、なかなか全員が会えなかったことからコミュニケーションツールとしてつくりました。

トラストキャンプは創立二年目から毎年夏に実施しているキャンプです。新入社員とその年に入社した中途採用者はステージでかくし芸を披露して、その後は全員でカラオケ大会、翌日にはソフトボールで親交を深めます。内容も毎年進化していて、リオのカーニバルみたいな盛り上がりようです。

川邉　キャンプ場はどこかの施設を借りてやるんですか。

渡邉　日田のキャンプ場を借りて、キャンプファイヤーや花火も実施します。花火は百万円くらいかかっていますが、皆楽しみにしているので止められません。（笑い）

川邉　スタートの頃は社員さんよりもアルバイトさんの方が多かったから、人材教育に工夫されていましたよね。

吉田　当社も全国の四百拠点に広がっているので、できるだけスタッフに会って研修がしたいと思いまして、昨年の十一月、糸島に百五十人を収容できる研修所を購入しました。研修が必要なときには随時呼んで、合宿ができる施設です。新入社員の研修や幹部のＳＣアカデミアという社内大学の講義にも使用しています。

研修以外の交流では年二回の全社員による方針発表会と年一回の運動会、また社員旅行の余興では芸やカラオケを披露し、私も歌わされています。（笑）

アルバイトの人事考課制度も

川邊　アルバイトさんの基礎教育はどうされていますか。

吉田　ビデオを作成して初期研修を実施し、検定制度も取り入れています。検定に合格しないと昇給しないシステムで、知識的な分野と授業審査などの実践的な分野があります。教え方のコンテストもあって、全国から関西代表や関東代表など地域を代表するアルバイト講師が集まって授業を行うナンバーワン決定戦もやっています。

川邊　ずいぶん大がかりですね。

吉田　優勝者には数万円ですが賞金を出しています。講師は実働で五千人くらいいますので、検定制度を採り入れたり、アルバイトにも人事考課制度を導入したり、そういう形で全体の統制をきかせるようにしています。

川邊　みなさん会社の形態は、持ち株会社のホールディングスになっています。どういう目的でホールディングス化されたのか、仕組みづくりなどを教えてください。

忍田　目的は、自分が楽をしたいというのが正直なところですが。(笑)

それはともかく全体的な方針はワンストップでつくるけど、各グループでできない部分はホールディングスが握っておかないといけない。そして、それぞれの社長は自由に動けるようにしたい、ということです。

これらを実現するために、当社ではホールディングスが銀行借り入れを一括で行い、各グループに貸し付けて金利を取る。社長はしっかり利益を上げてホールディングスに返済する、という仕組みにしました。

今年から、これまでバラバラだったシステムも約三年かけて統一します。三億円くらいかかりますが、仕入れ窓口も現在のカンサイからホールディングスにして、多少利ザヤも稼ぐシステムにします。

川邊　以前と比べてよくなりましたか。

忍田　私の考え方の幅が広がりましたね。それとグループ会社の社長を立てやすいですね。最近は自分で資金繰りして会社を興す若者が少ないから、できるだけ多くの人に社長経験ができる場を与えて育成したいと思っています。

社是や理念を大事にする

渡邉　当社には福岡本社、支店、営業所があって、本社の方が偉いみたいな間違った認識がありました。二〇〇六年にトラストパークの社名で上場したら、今度はトラストパークの方が格上だとかいい出して。ですからトラストホールディングスにすることで、どこも同じだよ、ということを体系で示しました。どこが偉いとかいうことよりも、会社の存在意義を全員で共有して、社是や理念を大事にしようと。

そこでホールディングスには社是や理念を共有できる人を、あえてグループの外から入れるなどの工夫をしています。さらに上の市場に上場するときはトラストグループという会社名にして、グループの一体感をさらに強調したいですね。

吉田　私の場合は教育業をやりたいというのが大前提で起業したものの、建設業やシステム業はまったくの素人でした。そこで、ホールディングスにして、それぞれ経営した方がうまくいくと思いました。塾も建設会社も連結して管理するグループ経営にして、建設会社の方は大祥建設の社長に経営をお願いしています。

渡邉　ひとつ言い忘れていました。弊社では新入社員の全員がいったんホールディングスに入社します。そこで三十日間、研修を行い、各社長からのラブコールと本人希望などを踏まえて、人材配置などはすべてホールディングスが行います。

忍田　渡邉さんのところはホールディングスがひとつにまとめてやっているからいいけど、当社はそれぞれが専門職だからリフォームや建築をしているところに、材料が専門の人材を送るわけにはいかない。それぞれがその道の経験者を雇うしかないのです。全体の交流というとなかなか難しいのが現状です。

川邊　人材教育については、また川邊会で大いに話し合いましょう。では、これからどうしたいのか、皆さんの夢を聞かせてください。

会社の夢と個人の夢がある

忍田　うちの会社に入ってくれた以上はトップを経験してもらいたい。社長と部長ではぜんぜん違うから。全員は無理だけど、そういうチャンスが多くある仕組みをつくりたいですね。

それに関連して、当面の目標は九州で営業所を百か所つくることです。現在は三十一か所で、決して無理な数字ではないと思っています。あとは社会貢献ですね。アビスパ福岡のオフィシャルパートナーや学生ゴルフトーナメントを実施しているのも、社会に対するお返しだと思っています。

渡邉　私は個人の夢と会社の夢と二つあります。会社の夢は時価総額一千億円の企業にすることです。まだ二十億円です。九州で上場している企業で一千億円以上というと十三社あります。社員たちは夢の話と思っていますが、私にとっては目標です。それがあるから次の行動が見えてきます。売上でいえば五百億円とか一千億円ないとダメなので、簡単ではありませんが、どうやって現実に近づけるかを考えることにも意義があります。

個人の夢としては一千億円を達成したら、会社を辞めて第二の人生を送りたい。自分がいなくなった後も繁栄できる土台をつくったら、田舎で過疎化対策などに取り組みたいですね。

川邊　過疎化対策はいいですね。土に還ることは大事です。

日本一、世界一を目指す

吉田　私の夢は東証一部に上場することです。私が生きている間に実現させたい。

渡邉　すぐできるよ。五、六年でできるよ。（笑）

吉田　私も夢は二つあります。会社としては、質量ともに世界一の学習塾にすること。二代目でも三代目でもよいので、いまは実現可能な基盤づくりを行っているところです。個人としては川邊会長のようにゴルフでエージシュートを達成すること。実際はこっちの方が難しそうです。（笑）

川邊　最後に経営者を目指す人や若い社員の皆さんに向けて、贈る言葉をいただきましょうか。

自分たちの将来は、自分たちで築く

吉田　私は塾という仕事が好きで、それを誇りとして日本一、世界一になりたいと思っています。とにかく何かひとつ、自分が一生懸命になれることに突き進むことが大切なのではないでしょうか。

渡邉　当社の社是に「自分たちの将来は、自分たちで築く」というのがあります。経営者は理念と方向性を示しますが、会社をよくするのか悪くするのかは社員次第で大きく変わります。そこで経営者がやることは全社員にバランスシートを見せることです。上場している企業なら借金の金額もすべて見られます。本当は恥ずかしくていいたくないんですけど、いい会社と悪い会社の見分け方のひとつは自己資本の額と自己資本比率です。売上よりも利益、利益よりも貯蓄、キャッシュフローだと思います。

川邊　まったくその通りですね。

渡邉　いま年金問題が深刻でしょう。社内で企業年金をするには、経営者が会社の現状をさらけ出して、社員と一緒になってやっていく必要があります。これから起業する方もそこを意識してやっていけばいいのではないでしょうか。うちも最初からはできていないので、反省も含めて後輩たちに伝えたいですね。

「継続する志」を社員に示す

忍田　私が先代からいわれたのは「継続は力」です。単純な話だけど難しい。展示会は三十六年間、新春賀詞交歓会は三十二年間続いています。何度も止めようと思ったんですが、続けるほどに浸透していくのを感じました。

それも専門の電気工事会社さんだけじゃなくて、地域の皆さんにも浸透して、いまでは展示会に九州全域から三日間で二万三千人くらいの集客があります。その売上も三十億円近くになりました。大切なのは経営者が「継続する志」を社員に示すこと。

そして社員は「継続する力」を発揮して、そこで初めて全社が一体になるんだと思います。後継者スクールも同様です。本当に「継続は力」になっていると思います。

川邊　二代目は攻めるだけじゃなく守ることもしないといけないから、続けるのは本当に大変だと思います。

忍田　社員が努力しているお陰です。この継続の力は社長だけではダメですし、社員だけでもダメ。二つが一体になってはじめて実現できると思っています。川邊会長からもひと言、贈る言葉をお願いします。

働くことがよろこびに

川邊　働くことがよろこびになる人が増えたらいいなと思っています。私にとっての仕事は、毎日進化できるすばらしいチャンスだと思っています。しかも、年を取るほど進化することが本能的に楽しみになっています。

渡邉　川邊会長がいちばんすごいのは、常に好奇心があることだと思います。知り合ってすぐアライアンス・パワーを教えていただいたときも、すごいパワーと新鮮さを感じました。当時はまだそういう言葉はまわりでだれもいっていませんでしたから。

忍田　川邊会には感謝しています。若い社長連中に会うと刺激がありますから。

吉田　会長から「あなたはそのままで大丈夫だから、思うように仕事を進めなさい」と背中を押していただけることが非常に心強いです。そして会長からは、常にときめきを忘れない姿勢を学びました。

川邊　若い人と会うのは、私の進化の源ですから。そして、いくつになってもときめきを忘れないように。でも私もそろそろ控えめにせんと、ときめきすぎて心臓麻痺を起こしたらいかんからね。（爆笑）

あとがき

この本はご縁のあった方々に書いていただいたようなものです。みんな教えていただいたことばかり。まさしく「われ以外、みなわが師」です。

「傍楽」という言葉も出会うべくして、出会ったような気がします。その文字を目にしたとき、自分がやってきたことの拠り所となる言葉は、これだ、と思いました。そのとき、ふっと気が楽になったことを覚えています。

本書で触れたように、よろこんでもらえる提案営業をしていたら、出会った人から初めての人まで次々につながって、思いがけないところにビジネスの花を発見したことも度々でした。人脈が枝分かれして伸びている先の方は見えなくても、「傍楽」活動をしていれば、その情報は電気のように流れていくのでしょう。

私の経験では、五千人の人脈ができると、その全体図が見えるようになって、ビジネスのテーマに応じて、いろんな得意技や知恵を持っている人の顔が浮かんできます。しかも、このヒューマンネットは手入れをする限り、そう簡単には壊れません。むしろ増えていきます。長続きするビジネスの大きな「見えない資産」になります。

原理はすごく単純です。「人に関心を持って、傍を楽にする」のです。

私は人に会うのが好きです。「一日一会」。一日の間に、これまで会ったことのない人に最低でも一人、会うこと。これがいまの私の日課であり、いちばんの楽しみです。いままで会ったことのない人に会うのです。こんなに「ときめく」ことはありません。「人生で華だったと思うのはいつですか」とよく聞かれます。私の答えは決まっています。「そうですね。いまですかね」。

人脈はいろんな人たちを通して、その先へと広がっていきます。どこかで、だれかのお役に立つときがくるかもしれない。これからもそういう気持ちを持ち続けていたいと思います。

【著　者】
川邊康晴（かわべ・やすはる）

1935年福岡市博多区生まれ。58年九州大学法学部卒業。同年、西日本相互銀行（現在の西日本シティ銀行）に入行。92年専務。98年西銀経営情報サービス（現NCBリサーチ&コンサルティング）社長。2001年会長。現在、川邊事務所会長、株式会社Kアライアンス・ジャパン代表取締役会長。
博多商人の家に生まれた生粋の博多っ子。アライアンス経営をテーマにした講演活動も活発。

川邊事務所
福岡県福岡市中央区大名2丁目4-19 福岡赤坂ビル5階
Tel 092-732-0230　Fax 092-732-0231
http://www.alliance-power.jp

本書収録の座談会の様子が、映像でもご覧いただけます。
提供：株式会社カウテレビジョン
http://www.cowtv.jp/channel/boss/272kawabe/06.php

傍楽《はたらく》　よろこばれる提案営業

2017年9月1日　初版第1刷発行

著　者　川邊康晴
発行者　田村志朗
発行所　㈱梓書院
812-0044
福岡市博多区千代3丁目2番1号
Tel 092-643-7075
Fax 092-643-7095

印刷　青雲印刷／製本　岡本紙工

ISBN978-4-87035-613-9　Printed in Japan